성격 ^{性格} 있는 한자성어

- 16가지 유형의 한자성어와 MBTI -

성격 있는 한자성어

발행   2025년 2월 25일 초판 1쇄

지은이 최상근
펴낸이 조윤숙
펴낸곳 문자향

신고번호 제300-2001-48호
주소   서울 양천구 목동서로 186 성우네트빌 201호
전화   02-303-3491
팩스   02-303-3492
이메일 munjahyang@kakao.com

값   15,000원
ISBN   978-89-90535-65-8 03700

성격 ^{性格} 있는 한자성어

- 16가지 유형의 한자성어와 MBTI -

최상근 저

문자향

머리말

◎ 이 책은 왜 탄생했나요?

요즘 학생들의 문해력(文解力: 글을 읽고 이해하는 능력)이 너무 낮은 것이 심각한 문제로 대두되고 있습니다. 물론 해결책 가운데 가장 중요한 것은 독서입니다. 하지만, 독서를 하더라도 그 책 안에 들어있는 단어의 의미를 파악하는 것이 또 다른 과제입니다. 이 모든 문제의 '열쇠'는 '한자(漢字)'입니다! 한자와 한자로 된 어휘를 익히다 보면 문해력과 어휘력은 저절로 자라납니다. 이 책은 그 열쇠를 찾는 데 길잡이가 되기 위해 탄생했습니다.

◎ 이 책에는 무엇이 담겼나요?

• 16가지 주제, 350여 개의 한자성어

이 책은 정치·경제·사회·문화 전분야를 아우르는 16개 주제, 350여 개의 한자성어(단어 포함)로 구성되어 있습니다. 모든 한자에 일일이 음과 뜻을 달았으며, 고사성어의 경우에는 그 유래까지 제시하여 쉽고 재미있게 볼 수 있도록 하였습니다.

• 16가지 MBTI에 맞는 한자성어 찾기

누구나 관심을 가지고 있는 16가지 MBTI 유형의 특징을 제시하고, 그에 맞는 한자성어를 함께 제시하여 자신의 성격적인 특징을 한자성어로 표현할 수 있게 하였습니다.

• 문해력 향상을 위한 바른 어휘 찾기

우리가 잘못 알고 쓰는 어휘나 헷갈리는 어휘 등을 재미있는 방식으로 제시하였습니다.

◎ 이 정도는 알고 갑시다.

한자(漢字)는 그 특성상 하나의 글자가 여러 가지 뜻을 지닌 경우가 많습니다. 때로는 여러 가지 음(音)을 가진 경우도 있으며, 두음법칙 등의 이유로 본래 음과 다르게 읽는 경우도 많습니다. 그런 경우에는 대표적인 뜻과 음 외에 그 성어에 쓰이는 뜻과 음을 강조하여 구별하였습니다.

> 老少(노소) ： 늙을 로/노, 적을/젊을 소

이 경우 '老'는 원래 음이 '로'이지만, 여기서는 '노'로 읽으라는 말입니다. 또 '少'는 대표적인 뜻이 '적다'이지만, 여기서는 '젊다'라고 풀이하라는 말입니다. 따라서 '노소'라고 읽고, '늙은이와 젊은이'라고 풀이합니다.

◎ 끝으로 당부 드립니다

'오래된 미래'라는 유명한 말이 있습니다. 이 역설적인 말은 급격하게 변화하는 현대 산업사회에서 일어나는 여러 가지 문제의 해결책을 과거에서 찾아 보자는 뜻을 담고 있습니다. 단순히 과거로 돌아가자는 의미가 아니라, 과거에는 물론 현재와 미래에도 변함없는 가치를 찾아보자는 의미입니다. 그런 점에서 한문(漢文)이야말로 '오래된 미래'를 찾아가는 가장 적합한 도구라고 할 수 있습니다.

저는 이 책이 재미없는 교과서나 딱딱한 이론서가 되지 않기를 바랍니다. 군이 열심히 공부할 필요 없는 책이었으면 합니다. 그냥 재미있게 읽으면 그만입니다. 재미있게 읽다 보니 문해력과 어휘력이 저도 모르게 향상되었다는 말을 들었으면 좋겠습니다. 이 책에 있는 어떤 요소 한두 개라도, 그것이 '오래된 미래'를 찾아 떠나는 당신의 여정에 한 모금의 물이나 한 줄기의 바람 정도가 된다면 더 바랄 나위가 없겠습니다.

을사년 이른봄 여고재(與古齋)에서 지은이 씀

차례

성격 있는 한자성어

性格

- 16가지 유형의 한자성어와 MBTI -

한자성어, 너는 누구냐?

우리가 흔히 쓰는 말 가운데는 한자성어인 듯 아닌 듯 아리송한 말들이 많습니다. 그중에 대표적인 것이 '사이비'와 '내로남불'이 아닐까요? 결론부터 말하면 '사이비(似而非)'는 명확한 한자성어이지만 '내로남불'은 한자성어가 아닙니다. 그렇다면 '내로남불'은 도대체 무엇이란 말인가요? 먼저 한자성어에 대한 기본적인 개념부터 알고 들어갑시다.

① 한자성어란 무엇인가?

성어라는 말은 '예로부터 습관적으로 써 온 말'이라는 뜻과, '오랫동안 많은 사람들이 사용하는 과정에서 굳어진 말'이라는 두 가지 정도의 뜻으로 요약할 수 있습니다. 한자성어는 당연히 한자(漢字)로 이루어진 성어를 말합니다. 한자는 오래된 뜻글자이기 때문에 짧은 몇 개의 글자 안에도 많은 뜻을 품을 수 있는 장점이 있습니다. 그래서 다른 언어보다 성어가 잘 발달했습니다.

② 4자성어와 고사성어는 어떻게 다른가?

4자성어(四字成語)는 문자 그대로 4글자로 이루어진 성어를 말합니다. 일반적으로 '한자성어=4자성어'로 인식되지만, 꼭 그렇지는 않습니다. 2자나 3자로 이루어진 한자성어도 있으며, 5자 이상으로 이루어진 것도 상당수 있습니다. 하지만 4자성어가 가장 많기 때문에 4자성어가 한자성어의 대표주자이기는 합니다.

고사성어(故事成語)는 옛날의 사건이나 옛이야기, 혹은 문학작품 등에서 유래한 성어를 말합니다. 그래서 고사성어는 그 유래를 알아야 뜻을 제대로 파악할 수 있습니다. 한자성어를 모두 고사성어로 알고 그렇게 부르는 이들도 있는데 이는 잘못입니다. 고사성어는 한자성어의 일부분이라고 할 수 있습니다.

③ 성어인 듯 성어 아닌 성어 같은 말

내로남불(내Ro남不): '내가 하면 로맨스, 남이 하면 불륜'의 앞글자만 따서 만든 신조어입니다. 한글과 영어와 한자가 뒤섞인 말입니다. 1990년대 중반 한 정치인이 쓰기 시작한 것으로 알려졌는데, 이후에는 주로 정치판에서 상대편의 이중적인 행태를 비판하는 말로 많이 쓰입니다. 이것을 한자로 옮겨 '我是他非(아시타비)'라는 '진짜 한자성어'를 만들어 쓰기도 합니다.

我是他非 | 나 아, 옳을 시, 남 타, 그를 비
아 시 타 비 | 나만 옳고 남은 그르다.

- **남사친**(男사親): '남자 사람 친구'의 준말입니다. '남자친구'라고 하면 애인의 성격이 강한데, 남사친은 그냥 친구인데 남성일 뿐이라는 의미입니다. '여사친(女사親)'도 비슷한 의미입니다.
- **핵꿀잼**(核꿀잼): '무지하게 재미있다'는 말입니다. '핵(核)'은 핵폭탄처럼 폭발력이 있다는 말이고, '꿀'은 '달다', '매우'의 뜻이며 '잼'은 '재미'를 줄인 말입니다. 반대말은 '핵노잼(核no잼)'입니다.

위에 예로 든 말들은 모두 한자와 우리말 또는 다른 언어를 섞어서 만든 신조어(新造語: 새로 만들어낸 말)입니다. 주로 젊은 층이나 학생들 사이에서 많이 사용하는데, 한자가 가진 압축성을 활용하여 길게 이야기할 것을 한 단어로 줄인 것입니다. 이런 말들은 문자메시지 등을 주고받을 때 빠르고 쉽게 자신의 의사를 전달하기 위해 발달한 것입니다. 하지만, 이렇게 한자가 들어있다고 해도 다른 말과 뒤섞인 것을 한자성어라고 부르지는 않습니다.

한자성어는 언어의 압축파일과 같습니다. 짧은 몇 글자 안에 깊은 뜻을 지닌 경우가 많기 때문에 적절한 상황에서 사용한다면 그 어떤 말보다 힘있는 말이 될 수도 있습니다. 앞에서 예로 든 최근의 신조어들도 실은 한자성어를 만드는 방법을 이용하여 만든 것입니다. 한자성어를 많이 익힌다면 요즘 문제가 되는 문해력(文解力: 글을 읽고 이해하는 능력)을 향상시키는 것은 물론, 풍부한 언어생활을 하는 데 큰 도움이 될 수 있습니다. 자, 이제 다양하고 재미있는 성어의 세계로 들어가 봅시다.

당신의 문해력 文解力은?

◎ 어느 초등학교의 가정통신문

한 초등학교에서 학부모들에게 안내문을 보냈습니다.

> 금일 소풍 안내입니다.
> 우천시에는 바로 학교로 등교합니다.
> 학교에서 중식이 제공됩니다.

학부모가 이 안내문을 보고 학교에 문의했습니다.

> 오늘은 금(요)일 아니고 목(요)일인데요?
> 우천시는 어디에 있는 도시인가요?
> 꼭 중식만 주나요? 제 아이는 중국음식보다 한식을 좋아하는데….

무엇이 문제일까요? 모두 한자로 된 단어를 이해하지 못해서 생긴 오해입니다.

> 今日 : 오늘
> 雨天時 : 비가 내릴 때
> 中食 : 점심

◎ ISTJ – 내향형, 감각형, 사고형, 판단형 – 검사관(The Logistician) **유형**

有備無患	있을 유, 갖출 비, 없을 무, 근심 환
유 비 무 환	[의미] 미리 준비가 되어 있으면 걱정할 것이 없음.

ISTJ 성격 유형은 흔히 '세심한 관리자', '현실주의자', '논리주의자' 등으로 불립니다. 이 유형의 사람들은 책임감이 강하고 사실과 세부 사항을 중시하며, 계획적이고 신뢰할 수 있는 일이나 인간관계를 추구합니다.

ISTJ를 대표할 수 있는 한자성어는 '有備無患(유비무환)'입니다. 사전에 철저히 준비가 되어 있어야 안심하는 스타일이지요. 이 유형은 일관성 있는 행동을 중시하며, 끝까지 책임감을 가지고 일을 완수하고자 한다는 면에서 '徹頭徹尾(철두철미)'를 덤으로 얹어줄 수 있습니다.

또한, 현실적이고 구체적인 정보를 선호하며 이론보다는 실용적인 해결책에 더 관심이 있다는 점에서는 '實事求是(실사구시)'도 이 유형에 어울리는 성어입니다.

인간관계의 측면에서는 다소 내성적이지만 일단 신뢰가 쌓이면 매우 충실한 친구가 되기 때문에 '斷金之交(단금지교)' 유형이라고 할 수 있겠네요.

2글자로 이루어진 한자성어

〈단장의 미아리고개〉라는 옛노래가 있습니다. 한국전쟁 때 포로로 잡혀 미아리 고개를 넘어 끌려가는 남편을 향한 애절한 여인의 심정을 그리는 내용입니다. 그렇다면 여기서 '단장'이란 무슨 뜻일까요? 국어사전을 찾아보면 '단장'이라는 이름을 가진 단어가 10개도 넘게 나오는데, 모두 한자로 된 단어들입니다. 따라서 한자로 이루어진 단어의 의미를 한자의 뜻으로 이해해야 바르게 쓸 수 있고, 문장도 제대로 이해할 수 있습니다. '단장'은 대표적인 2자 성어입니다. 한자성어 가운데는 2글자로 된 것들도 많다는 것을 확인할 수 있습니다.

斷腸 단 장	끊을 **단**, 창자 **장**
	[겉뜻] 창자를 끊음. [속뜻] 몹시 슬퍼서 창자가 끊어지는 듯함.

춘추시대 진(晉)나라의 환온(桓溫)이 배를 타고 촉나라로 가고 있었는데 그 부하 한 명이 원숭이 새끼를 잡아 배 위로 데리고 왔다. 그러자 새끼를 잃은 어미 원숭이가 슬피 울며 강가의 언덕 위를 따라 배를 뒤쫓아오기 시작했다. 그렇게 100여 리를 쫓아가다가 더 이상 따라갈 수 없게 되자 배에 뛰어들어 죽고 말았다. 그 어미 원숭이의 배를 갈라보니 창자가 도막도막 끊어져 있었다. 너무 상심한 나머지 애(창자)가 끊어진 것이었다. 연유를 알고 난 환온은 그 인정머리 없는 병사를 쫓아내 버렸다.

> ※여기서 '애(창자)가 끊는 슬픔'이라는 의미를 가진 '斷腸'이라는 성어가 나왔다. 그러니까 '단장의 미아리고개'는 '미아리고개를 넘어 끌려가는 남편을 바라보는 아내의 애가 끊어질 듯한 슬픔'을 노래한 것이다.

知音
지 음

| 알 **지**, 소리 **음**
[겉뜻] 소리를 앎.
[속뜻] 마음이 서로 통하는 친한 벗.

백아(伯牙)는 뛰어난 거문고 연주가였고, 종자기(鍾子期)는 음악을 잘 알아듣는 사람이었다. 두 사람은 그런 인연으로 신분과 처지가 달랐지만 금세 친구가 되었다. 백아가 산을 생각하며 거문고를 연주하면 종자기는 그 소리를 듣고 "멋지다. 우뚝 솟은 그 느낌이 태산과도 같구나."라고 했다. 또 백아가 강을 생각하며 거문고를 연주하면 종자기는 그 소리를 듣고 "훌륭하다. 넘실넘실 흘러가는 그 느낌이 장강과도 같구나."라고 했다. 이처럼 종자기가 백아의 연주만 듣고도 그 마음을 알아낸 데에서 '知音'이라는 성어가 나왔다.

> ※한편, 종자기가 먼저 죽자 백아는 이제 세상에 더 이상 자신의 음악을 알아 줄 사람이 없다고 말하면서 거문고를 부수고 줄을 끊어 버리고 더 이상 연주하지 않았다. 거기서 나온 고사성어가 '伯牙絕絃(백아절현)'이다. 그래서 '친한 벗의 죽음'을 의미하는 고사성어가 '백아절현'인데, 줄여서 그냥 '절현'이라고도 한다.

助長
조 장

| 도울 **조**, 길/자랄 **장**
[겉뜻] 자라는 것을 도와줌.
[속뜻] 바람직하지 않은 일을 더 심해지도록 부추김.

송나라에 사는 어떤 사람이 자신의 곡식이 잘 자라지 않는다고 걱정하다가 이삭을 뽑아 올려서 크게 자란 것처럼 해 놓았다. 지쳐서 집에 돌아와서는 "내가 오늘 피곤하구나. 내가 곡식이 잘 자라도록 도와주었거든." 하고 말했다. 그 아들이 들에 달려가 보니 곡식은 이미 다 말라 버렸다.

> ※여기서 나온 '助長'이라는 말은 흔히 '사치풍조를 助長한다' 등 나쁜 일을 부추기는 경우에 부정적인 의미로 쓰는 말이다.
> ※**주의**: 한 조의 우두머리를 가리키는 '組長(조장)'과 헷갈리지 말자.

蛇足
사 족

뱀 **사**, 발 **족**

[겉뜻] 뱀의 발.
[속뜻] 쓸데없는 군짓을 하여 도리어 일을 망침.

초나라에 사는 어떤 사람이 제사를 지내고는 자기 집 일꾼들에게 술 한 잔을 내려주었다. 그런데 여러 사람이 나누어 마시기에는 적은 양이어서 땅에 뱀을 그리는 시합을 하여 먼저 그린 사람이 마시기로 했다. 가장 먼저 뱀 그림을 완성한 사람이 술잔을 든 채 자신은 뱀의 발도 그릴 수 있다고 자랑했다. 그가 발을 다 그리기도 전에 다른 한 사람이 뱀 그림을 완성하더니 그 사람의 손에서 술잔을 빼앗으며 말했다. "뱀이란 본래 발이 없거늘 자네가 어떻게 뱀의 발을 그린단 말인가?" 뱀에 발을 그린 사람은 끝내 술 맛도 못 보고 말았다.

※'蛇足'은 '畫蛇添足(화사첨족)'과도 같은 성어인데, 말이나 일을 잘해 놓고 쓸데없이 무엇을 덧붙여서 망치는 어리석음을 경계하는 말이다.

白眉
백 미

흰 **백**, 눈썹 **미**

[겉뜻] 흰 눈썹.
[속뜻] 여럿 가운데에서 가장 뛰어난 사람이나 훌륭한 물건.

중국 삼국시대 촉한(蜀漢)의 마량(馬良)은 형제가 다섯이었는데 이들은 모두 재능과 명성이 출중했다. 당시 고향 마을에서는 이들을 두고 다음과 같은 가요를 만들어 불렀다. "마씨네 집 오상(五常) 중에서 백미(白眉)가 가장 훌륭하다네."

※마량의 5형제는 모두 자(字)에 상(常) 자가 들어갔기에 오상(五常)이라고 불렀는데, 마량의 자는 계상(季常)이었다. 이런 노래가 나온 것은 마량이 나면서부터 눈썹 가운데에 흰색 털이 섞여 있었기 때문이다. 한편 '읍참마속(泣斬馬謖)'이라는 성어의 주인공인 마속(馬謖)은 바로 마량의 아우이다.
※'白眉'를 '흰쌀'이라는 뜻의 '白米(백미)'와 헷갈리지 말자.

壓卷 압 권	누를 **압**, 책 **권**
	[겉뜻] 다른 답안지를 누름. [속뜻] 여러 책이나 작품 가운데 제일 잘된 책이나 작품.

예전에 과거시험에서 채점을 마치면 가장 뛰어난 답안지를 다른 답안지 위에 얹어 놓았다. 즉, 가장 잘 된 작품이 맨 위에서 다른 것들을 누르고 있다고 하여 생긴 말이 '壓卷'이다. '卷'은 본래 '두루마리'를 가리키는 한자이다. 여기서는 두루마리로 된 답안지를 가리킨다. 예전에는 문서나 책이 대부분 두루마리로 되어 있었기 때문에 책이나 답안지 등을 가리킬 때 '卷'을 썼다.

※ '壓卷'과 의미가 비슷한 말로 白眉(백미), 拔群(발군), 出衆(출중) 등이 있다.

矛盾 모 순	창 **모**, 방패 **순**
	[겉뜻] 창과 방패. [속뜻] 어떤 사실의 앞뒤, 또는 두 사실이 이치상 어긋나서 서로 맞지 않음.

중국 초나라에 방패와 창을 함께 파는 무기상이 있었다. 그는 먼저 방패를 들고 사람들 앞에서 이렇게 자랑했다. "이 방패로 말씀드릴 것 같으면 너무도 굳고 단단해서 세상 어떤 창으로도 뚫을 수 없습니다." 이번에는 방패를 내려놓고 창을 잡고는 또 이렇게 자랑했다. "이 창으로 말씀드릴 것 같으면 너무도 날카로워서 이 세상 어떤 방패든지 다 뚫을 수가 있습니다."

그걸 처음부터 구경하고 있던 사람이 말했다. "이보슈. 그럼 당신의 창으로 당신의 방패를 찌르면 어떻게 되겠소?" 그 사람은 아무 대답도 할 수가 없었다. 무엇으로도 뚫을 수 없는 방패와 무엇이든 못 뚫는 것이 없는 창은 이 세상에 함께 존재할 수 없는 것이다.

※ '矛盾'과 비슷한 성어로 '二律背反(이율배반)', '自家撞着(자가당착)' 등이 있다.

鷄肋
계 륵

닭 **계**, 갈비 **륵**

[겉뜻] 닭의 갈비.
[속뜻] 그다지 큰 소용은 없으나 버리기에는 아까운 것.

중국 삼국시대에 위나라의 조조가 촉나라의 유비를 치기 위해 한중(漢中) 땅으로 진격했다. 일단 사곡이라는 곳에 주둔했는데, 전세가 만만치 않았다. 진을 친 지 오래되어 군사들은 지쳐가는데 진격을 하자니 촉나라의 마초(馬超)가 굳게 지키고 있어 어렵고, 또 군사들을 거두어 돌아가자니 촉나라에 웃음거리가 될 것 같아 자존심이 허락하지 않아 이러지도 저러지도 못하고 있었다. 어느날 저녁 취사병이 닭요리를 들고 왔다. 조조는 요리에 있는 닭의 갈비를 보고는 마치 한중 땅이 닭갈비처럼 먹기도 버리기도 아까운 곳이라는 느낌을 받았다.

때마침 부하 장수인 하후돈이 그날 밤 군중에서 사용할 암호를 물으러 왔다. 조조는 자기도 모르게 "계륵이라고 해라. 계륵!" 하고 말했다. 하후돈은 나가서 전군에 오늘밤 암호는 '계륵'이라고 알렸다. 그러자 행군주부인 양수라는 자가 '계륵'이라는 말을 듣고 자기 수하의 군사들에게 짐을 꾸려 철수할 준비를 하라고 지시했다.

하후돈이 양수를 불러 왜 짐을 꾸렸느냐 물었다. 그러자 양수는 "오늘 암호가 '계륵'인 것을 보고 주군께서 철군하시리라는 것을 알았습니다. 닭갈비라는 것이 먹을 것은 없고, 그렇다고 버리기에는 아까운 것입니다. 이것은 주군의 마음을 잘 드러내는 것이지요." 과연 조조는 며칠 뒤에 철군 명령을 내렸다.

※이처럼 먹자니 먹잘 것이 없고, 버리자니 아까운 상황을 계륵이라고 한다. 서양에서 흔히 쓰는 관용적 표현인 '뜨거운 감자'와도 일맥상통하는 말이다.

完璧 완 벽	완전할 **완**, 구슬 **벽**
	[겉뜻] 흠이 없는 구슬. [속뜻] 결함이 없이 완전함.

전국시대 조나라에는 천하의 보배인 화씨벽(和氏璧)이라는 구슬이 있었다. 그런데 이 사실을 알게 된 진나라의 소왕(昭王)이 진나라의 15개 성과 화씨벽을 교환하자고 제안했다. 조나라의 혜문왕(惠文王)은 대신들과 의논했으나 마땅한 방법이 없었다. 이때 인상여라는 사람이 나서서 자신이 구슬을 가지고 진나라에 가겠다고 자청한다. 그러면서 진나라가 약속한 대로 15개의 성을 주면 구슬을 넘겨주겠지만, 그렇지 않다면 구슬을 다시 온전히 가지고 오겠다고 장담한다.

진나라 소왕이 구슬만 챙기고 15개의 성을 줄 생각이 전혀 없는 것을 눈치 챈 인상여는 꾀를 써서 구슬을 돌려받아 조나라로 빼돌렸다. 소왕은 인상여를 죽이고 싶었으나 그러면 모든 잘못이 자신에게 돌아갈 것을 우려하여 양 국간의 화친을 해치고 싶지 않아 인상여를 후대하여 돌려보냈다. 조나라에 돌아온 인상여는 일약 스타로 떠올랐고, 그 공을 인정받아 상대부(上大夫)라는 고위직에 올랐다.

※여기서 유래한 '完璧'은 본래 구슬을 온전히 다시 조나라로 돌아오게 했다는 뜻인데, 나중에는 '결함이 없이 완전함'이라는 뜻으로 변하였다. 의미가 비슷한 성어로는 '完全無缺(완전무결)'이 있다.

雁書
안 서

기러기 **안**, 글/편지 **서**

[겉뜻] 기러기가 전하는 편지.
[속뜻] 먼 곳에서 소식을 전하는 편지.

한무제(漢武帝) 때 소무(蘇武)는 흉노군에게 잡혀 억류되었다. 흉노는 소무에게 항복하지 않으면 죽이겠다고 협박했으나 소무가 거부하자 사람이 살지 않는 북해로 귀양을 보내 양(羊)을 치게 하였다. 그러면서 수양에게서 젖이 나오면 한나라로 돌려보내주겠다고 했다. 양의 수컷에게서 젖이 나올 리 없으므로 결국 돌려보내지 않겠다는 말이었다. 후에 한나라가 흉노와 화친하고 포로를 교환할 때 소무 등을 돌려보낼 것을 요구했다. 그러나 흉노의 왕 선우는 소무가 죽었다고 거짓말을 했다.

그런데 소무와 함께 억류되었던 상혜(常惠)라는 사람이 한나라 사신을 만나서, 소무가 살아있다는 소식과 함께 그를 돌려보낼 수 있는 방법을 알려주었다. 즉, 한나라 황제가 사냥을 하다가 기러기를 잡았는데, 기러기 발에 소무 등이 살아있다는 글이 적힌 편지를 발견했다고 선우에게 말하는 것이었다. 사신의 말을 들은 선우는 어쩔 수 없이 소무가 살아있다고 고백하였다.

결국 소무는 19년 만에 한나라로 돌아갈 수 있었다. 그러니까 기러기 발에 편지가 묶여 있었다는 말은 사실은 지어낸 말이었다. 기러기에게 회귀본능이 있음을 알고 있는 선우를 그럴듯하게 속인 것이었다. 그런 유래 때문에 후에 '雁書'는 편지를 대신하는 말로 쓰이게 되었다.

※한편 기러기와 관련있는 2자 성어로 '안항(雁行)'이 있다. '기러기의 행렬'이라는 뜻인데, 흔히 남의 형제를 높여 이르는 말로 쓰인다. 기러기는 나이 순서를 지켜 난다고 하여 형제라는 의미를 가지게 된 것이다. 이때 '行'은 '행'이 아니라 '항'이라고 읽는 데에 주의해야 한다.

杞憂
기 우

기나라 **기**, 근심 **우**

[겉뜻] 기(杞)나라 사람의 근심.
[속뜻] 앞일에 대해 쓸데없는 걱정을 함.

옛날 기(杞)나라에 어떤 사람이 있었는데, 하늘이 무너지고 땅이 꺼지면 어떻게 살까 걱정이 되어 먹지도 자지도 못했다. 그 사람의 친구는 그 사람이 걱정이 되어 찾아가서 말해 주었다. "하늘은 기(氣)가 쌓여 이루어진 것인데, 기가 없는 곳은 세상에 없다네. 우리가 몸을 구부리고 펴고 호흡을 하는 것도 모두 하루 종일 기 속에서 움직이고 그치고 하는 거지. 그렇게 기로 가득 차 있어서 절대 무너질 리가 없는 하늘이 무너질 것을 왜 걱정하는가?"

그러자 그 사람이 말했다. "하늘이 기가 쌓인 것이라면 하늘에 있는 해와 달과 별이 떨어지지 않겠나?" 친구가 다시 깨우쳐주며 말했다. "해와 달과 별도 모두 기가 가득 쌓인 곳에서 반짝이는 것이어서 떨어지지도 않을뿐더러 떨어진다 해도 사람을 상하게 하지는 않는다네." "아, 그렇다면 다행이군. 하지만 땅이 무너지면 어떻게 하나?" "땅이란 흙이 쌓여서 이루어진 것이라네. 사방이 흙으로 가득 차 있어서 흙이 없는 곳이 없지. 우리가 달리거나 뛰는 것도 종일 땅 위에서 움직이고 그치고 하는 것인데 무엇 때문에 땅이 꺼질까 걱정을 한단 말인가?"

이 사람은 비로소 얼굴을 활짝 펴고 기뻐하였고, 말해 준 사람 또한 얼굴을 활짝 펴고 기뻐하였다.

※ '杞憂'는 흔히 '杞人之憂(기인지우)', 혹은 '杞人憂天(기인우천)'의 준말로 쓰인다.

당신의 문해력 文解力은?

◎ 이런 대화가 다 있습니다.

甲 : 통화량이 증가하면 화폐가치가 하락한다는 게 무슨 말이야?
乙 : 전화 통화를 많이 하면 내 돈이 많이 나간다는 뜻 아냐?
甲 : 맞아! 그런 뜻이었구나. 넌 역시 천재야.^^
乙 : 내가 좀 그렇지. ㅋㅋㅋ

무엇이 문제일까요? '나라 안에서 실제로 쓰고 있는 돈의 양'을 뜻하는 '通貨量(통화량)'을 '전화를 사용하는 횟수'를 의미하는 '通話量(통화량)'으로 잘못 알아 들은 데에서 오는 혼동입니다. 한자로 된 어휘 가운데는 이처럼 동음이의어(同音異義語)가 많기 때문에 각별히 주의하고 잘 가려서 써야 합니다.

甲 : '지구력'을 길러야 한다는 게 무슨 뜻이야?
乙 : 지구의 힘을 길러야 한다는 뜻이겠지. 그러니까 지구를 보호해야 한
   다는 의미 아냐?
甲 : 아, 그런 것 같다. 그럼 '달력'은 달의 힘이야?
乙 : ???

이때 '지구력(持久力)'은 '오랫동안 버티며 견디는 힘'을 말합니다. 우리가 사는 '지구'는 '地球'라고 쓰지요.

◎ **ISFJ – 내향형, 감각형, 감정형, 판단형 – 수호자**(The Defender) **유형**

惻隱之心 측 은 지 심	슬퍼할 **측**, 숨길 **은**, 갈/~한 **지**, 마음 **심**
	[의미] 불쌍히 여기는 마음.

ISFJ 성격 유형은 흔히 '보호자', '용감한 수호자' 등으로 불리며, 다른 사람들을 돌보고 주변 사람들의 필요를 채우기 위해 노력하는 특징을 지닙니다.

　ISFJ를 대표할 수 있는 한자성어는 '惻隱之心(측은지심)'입니다. 다른 사람이 어렵고 아픈 것을 외면하지 못하는 성격입니다. 인내심과 책임감이 강하며, 조용하지만 헌신적인 성향으로 '殺身成仁(살신성인)'의 정신도 이 유형의 특징입니다. 또한 공감 능력이 뛰어나다는 점에서 '易地思之(역지사지)'도 이 유형에게 맞는 한자성어입니다. 이들은 남을 위해 봉사하는 것을 즐거움으로 여기기 때문에 그 수고와 노력을 알아주고 칭찬해 주는 것이 가장 큰 보상입니다.

3글자로 이루어진 한자성어

요즘 젊은이들이나 어린 학생들에게 '사이버(cyber)'라는 말은 매우 익숙합니다. 그래서인지 '사이비'가 한자성어인 줄 모르고 서양에서 들어온 외래어인 줄 아는 사람들이 많습니다. '사이버'와 '사이비'는 완전히 다른 말입니다. 발음이 비슷하고 한글로 써 놓으면 점 하나 차이지만 의미는 전혀 다르지요. '사이버'는 영어이고 '사이비'는 한자성어입니다. '사이비'는 대표적인 3자 성어입니다. 한자성어 가운데는 3글자로 된 것들도 많은데, 우리가 실제 생활에서 사용하는 3자 성어들을 살펴봅시다.

似而非 사 이 비	비슷할 **사**, 말이을 **이**, 아닐 **비**
	[겉뜻] 비슷하지만 아니다. [속뜻] 겉으로는 비슷하나 속은 완전히 다름.

맹자(孟子)가 제자인 만장(萬章)에게 이렇게 말했다.

"공자께서는 이렇게 말씀하셨지. '나는 겉으로는 비슷하지만 실제로는 아닌 것[似而非(사이비)]을 미워한다. 강아지풀을 미워함은 벼싹을 어지럽힐까 염려해서이고, 아첨하는 자를 미워함은 의(義)를 어지럽힐까 염려해서이고, 말 잘하는 입을 가진 자를 미워함은 신(信)을 어지럽힐까 염려해서이고, 정(鄭)나라 음악을 미워함은 그것이 바른 음악을 어지럽힐까 염려해서이고, 자주색을 미워함은 그것이 붉은색을 어지럽힐까 염려해서이고, 향원을 미워함은 덕을 어지럽힐까 염려해서이다.'"('향원'이란 마을에서 존경을 받는 것 같지만 실상은 세속과 영합하는 위선자를 말한다.)

※한때 사이비 종교라는 것이 사람들을 현혹하여 사회적 물의를 일으키기도 했다. 물건 가운데도 사이비가 많은데, 흔히 우리가 '짝퉁'이라고 부르는 것도 사이비의 일종이다. '짝퉁'은 가짜나 모조품이라는 뜻이다. 거짓은 오히려 진짜처럼 보이기도 한다. 그러니 사이비에 속으면 안 된다.

登龍門
등 용 문

오를 **등**, 용 **룡/용**, 문 **문**

[겉뜻] 용문에 오름.
[속뜻] 어려운 관문을 통과하여 크게 출세하게 됨.

황하(黃河, 황허강) 상류에 물살이 급하기로 유명한 '하진'이라는 곳이 있는데, 다른 말로 '용문(龍門)'이라고 부른다. 그곳은 얼마나 물살이 급한지 물을 거슬러 오르기를 좋아하는 물고기들이 아무리 위로 올라가려고 해도 올라갈 수가 없다. 수많은 물고기들이 그 아래 모여서 높이뛰기 시합을 하지만 물살에 떠밀려 나동그라지기 일쑤였다. 그러면 왜 그리 어려운 곳을 물고기들이 올라가려고 애쓰는가? 모든 물고기들의 꿈은 용이 되어 하늘로 오르는 것인데, 만약 그 물살을 통과하여 올라가기만 하면 바로 용이 되어 승천하기 때문이다. 그래서 그곳을 '용이 되는 문'이라 하여 이름을 '용문'이라고 지은 것이다.

한편 중국 후한 때의 이응(李膺)이라는 사람은 국정을 어지럽히고 부정부패를 일삼는 환관들과 맞서 싸우며 기강을 바로 세운 정의로운 관료였다. 그래서 환관들은 모두 그를 피했으나 젊은 관료들은 그를 만나는 것을 영광으로 여겨 이응의 인정을 받는 것을 '등용문'이라고 했다.

※여기서 유래한 '登龍門'이라는 성어는 인재를 기르거나 뽑기 위한 관문을 뜻하기도 한다. 그래서 학교 이름이나 학원 이름에 붙이기도 한다.

千里眼
천 리 안

일천 **천**, 마을 **리**, 눈 **안**

[겉뜻] 천 리를 보는 눈.
[속뜻] 사물을 꿰뚫어 볼 수 있는 뛰어난 관찰력.

※里는 거리의 단위로 쓰였다. 1리는 약 400m이므로 천 리는 약 400km이다.

북위(北魏)의 양일(楊逸)은 법을 엄정하게 시행하고 백성들을 사랑하여 많은 사람의 존경을 받았다. 양일은 지방의 하급 관리들이 못된 짓을 하지 못하게 하는 방책으로 자신의 첩보원들을 곳곳에 심어 두었다. 그러자 아무도 함부로 백성들을 괴롭히거나 나라의 재정을 축내지 못했다. 병사나 관리들이 어디를 갈 때도 자신이 먹을 식량을 스스로 마련해 가지고 갔으며 백성들이 음식을 대접하려고 하면 모두 사양하며 이렇게 말했다. "양자사는 천리안을 가지고 있는 분이오. 그러니 어찌 그 눈을 속일 수 있겠소?"

※여기서 유래한 '千里眼'은 실제로 시력이 좋다는 뜻이 아니라 천 리 밖의 일도 알아낼 만큼 관찰력과 통찰력이 뛰어나다는 뜻이다.

白眼視
백 안 시

흰 **백**, 눈 **안**, 볼 **시**

[겉뜻] 눈의 흰자위로 쳐다봄.
[속뜻] 남을 업신여기거나 무시하는 태도로 흘겨봄.

중국 진(晉)나라 초기에, 세상 벼슬이나 명성을 버리고 대숲에 모여 청담을 나누며 세월을 보낸 7명의 선비를 죽림칠현(竹林七賢)이라고 한다. 그중의 한 사람인 완적(阮籍)은 사람을 바라볼 때 흰자위만으로 볼 수도 있고 검은자위만으로 볼 수도 있었다. 그는 세속의 예의범절에 얽매인 선비를 보면 눈의 흰자위를 드러내며 흘겨보면서 그를 대하였다. 어느 날 자신의 절친인 혜강의 형인 혜희가 찾아오자 흰자위로 흘겨보았다. 혜강이 이 소식을 듣고 술과 거문고를 가지고 찾아오자 완적은 기뻐하며 검은자위로 대하였다.

※'白眼視'의 반대말은 '靑眼視(청안시)'이다. 글자대로라면 파란 눈으로 바라본다는 뜻이지만, 이때는 검은 눈동자를 의미한다.

破天荒 파 천 황	깨뜨릴 **파**, 하늘 **천**, 거칠 **황**
	[겉뜻] 천황(天荒: 혼돈 상태)을 깨뜨림. [속뜻] 이전에 아무도 하지 못한 일을 처음으로 해냄을 이르는 말.

형주(荊州)는 삼국지에도 자주 등장하는 지명으로 중국에서는 예나 지금이나 중요한 지역이다. 그런데 당나라 때 형주의 관리들과 명망 있는 집안에서 해마다 향시(鄕試)에 합격한 자들을 선발하여 국가에서 시행하는 과거 시험에 응시하도록 보냈지만 모두 낙방했다. 그래서 사람들은 이 지역을 천황(天荒)이라 불렀다. 그런데 유태(劉蛻)라는 사람이 처음으로 과거에 급제하자 드디어 천황이 깨어졌다 하여 파천황(破天荒)이라고 불렀다. 여기서 유래한 파천황은 이제까지 아무도 못한 일을 처음으로 해냈다는 의미를 갖게 되었다.

※이렇게 사물의 처음이나 기원을 가리키는 말로 남상(濫觴), 효시(嚆矢) 등이 있다. '남상'은 '뜰(람/남), 술잔(상)'으로 술잔을 띄운다는 뜻이다. 즉, 장강처럼 큰 하천도 근원은 잔을 띄울 만큼 가늘게 흐르는 시냇물이라는 의미이다. 또한 '효시'는 '울(효), 화살(시)'로 전쟁을 시작할 때 우는 소리가 나는 화살을 먼저 쏨으로써 선전포고를 대신한 데에서 유래했다. 이 또한 어떤 일의 처음을 뜻하는 말이다.

長廣舌 장 광 설	길 **장**, 넓을 **광**, 혀 **설**
	[겉뜻] 길고 넓은 혀. [속뜻] 길고도 세차게 잘하는 말솜씨. 또는, 쓸데없이 장 황하게 늘어놓는 말.

석가모니는 보통 사람들보다 훨씬 길고 넓은 혓바닥을 가지고 있었다고 한다. 그의 혀는 길고 넓을 뿐 아니라 부드럽기도 하여 혀끝이 머리카락까지 닿았다고 한다. 석가모니는 그 혀를 훌륭한 가르침을 남기는 데 사용했다. 그래서 장광설은 본래 훌륭한 말을 잘하는 것을 가리켰으나 후에는 뜻이 변하여 쓸데없이 장황하게 말을 늘어놓는다는 뜻으로 쓰이게 되었다.

背水陣
배 수 진

등 배, 물 수, 진칠 진

[겉뜻] 물을 등지고 치는 진.
[속뜻] 목표를 이루기 위해 목숨을 걸고 물러서지 않는
결연한 자세.

진나라가 망하고 초나라와 한나라가 천하를 놓고 다투던 때, 한나라의 장수 한신(韓信)은 장이(張耳)와 더불어 2만 명의 군사를 거느리고 조나라를 공격하게 되었다. 조나라는 20만의 군사를 거느리고 적을 맞을 준비를 하고 있었다. 그들은 자신의 군사가 적보다 10배나 많으니 이길 것이라고 자만했다.

한신은 기병 2천 명을 뽑아 한나라를 상징하는 붉은 깃발을 들고 샛길로 가서 조나라 성이 보이는 산속에 숨어있도록 했다. 군사 1만 명은 물을 등지고 진을 치게 했다. 이것을 본 조나라 군사들은 크게 비웃었다. 한신과 장이는 군사들을 이끌고 조나라 본진을 공격하는 척하다가 거짓으로 북과 깃발을 버리고 강가까지 후퇴했다.

한신의 작전대로 조나라 군사들은 본진을 비워두고 한나라 군사를 쫓아왔는데, 그 사이에 숲속에 숨어있던 군사들이 조나라의 본진에 들어가 한나라의 붉은 깃발 3천 개를 꽂아 놓았다. 조나라 군사들은 배수진을 치고 맹렬히 저항하는 한나라 군사들을 이기지 못하고 일단 후퇴했다. 그런데 이미 자신들의 본진에는 한나라 깃발 수천 개가 나부끼고 있지 않은가! 조나라 군사들이 혼란에 빠진 틈을 타서 한나라 군사들은 협공을 벌여 대승을 거두었다.

※이런 역사에서 유래한 '背水陣'은 어떤 목적을 이루기 위해서는 목숨을 걸고 덤벼야 한다는 교훈을 담고 있다. 그러나 워낙 위험한 계책이므로 늘 성공하는 것은 아니었다. 임진왜란 때 신립 장군이 탄금대에 배수진을 쳤으나 워낙 군사의 수와 숙련도에서 상대가 되지 않아 대패하고 수천 명이 몰살된 아픈 역사도 있다.

紅一點 홍 일 점	붉을 **홍**, 한 **일**, 점 **점**
	[겉뜻] 붉은 점 하나. 푸른 잎 가운데 피어있는 한 송이의 붉은 꽃. [속뜻] 많은 남자 사이에 끼어 있는 한 사람의 여자를 비유적으로 이르는 말.

　석류를 읊은 시 가운데에 '萬綠叢中紅一點(만록총중홍일점)'이라는 구절이 있다. '온통 푸른 떨기 속에 붉은 점 하나'라는 뜻이다. 이렇듯 본래 홍일점은 무성한 푸른 잎새 사이에 붉게 피어있는 석류꽃을 가리킨 데에서 유래하였다. 그런데 후에는 여럿 가운데 유난히 이채를 띠는 것, 또는 많은 남자 사이에 끼어있는 한 사람의 여자를 가리키는 말로 쓰인다. 상대적으로, 많은 여자 가운데 끼어있는 한 사람의 남자를 '靑一點(청일점)'이라고 부르기도 한다.

解語花 해 어 화	풀 **해**, 말씀 **어**, 꽃 **화**
	[겉뜻] 말을 알아듣는 꽃. [속뜻] 미인을 비유하는 말. 또는 '기생'을 달리 이르는 말.

　당나라 현종이 연꽃이 활짝 핀 연못가에서 여러 인척들과 잔치를 열고 꽃 구경을 하고 있었다. 곁에 있던 사람들이 모두 연꽃을 보며 감탄을 하고 있었는데, 현종이 양귀비를 가리키며 사람들에게 말했다. "저 연꽃보다 나의 해어화가 더 아름답다."

　'解語花'란 '말을 이해하는 꽃'이라는 뜻인데, 현종이 양귀비를 꽃에 비유하고, 꽃은 꽃인데 사람의 말을 알아듣는 꽃이라고 극찬한 데에서 나온 것이다. 한편 양귀비를 대표하는 꽃은 모란이었다.

相思病
상 사 병

서로 **상**, 생각 **사**, 병 **병**

[겉뜻] 서로 그리워하여 생기는 병.
[속뜻] 남자나 여자가 마음에 둔 사람을 몹시 그리워하는
데서 생기는 마음의 병.

춘추시대 송나라 때 한빙의 아내 하씨는 절세미인이었다. 왕이 강제로 하씨를 빼앗고 한빙에게 형벌을 내리자 한빙은 자결하고 말았다. 얼마 후 하씨도 자신의 시신을 한빙과 합장해 달라는 유서를 남기고 자결하였다. 그러자 왕은 두 사람의 무덤을 서로 마주 보게 만들어 놓고, '너희가 그렇게 서로 사랑한다면 두 무덤을 합쳐보아라'라며 비웃었다. 그런데 그날 밤 두 그루의 가래나무가 각각의 무덤에서 나더니 열흘도 안 되어 아름드리나무로 자라 서로 기울어져 하나로 합해지고 뿌리도 그 아래서 서로 얽혔다. 사람들이 슬퍼하며 그 나무를 '상사수(想思樹: 그리움의 나무)'라고 불렀다.

※서로 다른 나무가 자라면서 뿌리나 줄기가 하나로 합쳐지는 경우가 있는데, 이를 보통 연리지(連理枝)라고 부르며, 상사목(相思木)이라고도 한다.

※판소리 《춘향가》 중 〈쑥대머리〉의 가사 중에도 다음과 같은 대목이 나온다. "내가 만일에 임을 못 보고/옥중고혼(獄中孤魂)이 되거드면/무덤 앞에 있는 돌은 망부석(望夫石)이 될 것이요/무덤 근처 섰는 나무는/상사목(相思木)이 될 것이니/생전사후(生前死後) 이 원통을/알아 줄 이가 뉘 있더란 말이냐…"

反間計 반 간 계	돌이킬 **반**, 사이 **간**, 꾀 **계**
	[겉뜻] 적의 간첩을 거꾸로 이용하는 계책. [속뜻] 두 사람이나 나라 따위의 중간에서 서로를 멀어 지게 하는 술책.

《손자병법》에 '간첩을 이용하는 방법'이라는 뜻의 〈용간(用間)〉편이 있다. 그중에 적을 이간질하여 역으로 이용하는 것을 반간(反間)이라고 한다. 이를테면 적군의 간첩을 포섭하여 적군 내부로 들어가 이간질하는 방법이 대표적인 반간계이다. 역사적인 예를 들면 다음과 같다.

전국시대에 진(秦)나라가 조(趙)나라의 맹장 염파(廉頗)를 두려워하여 거짓 노래를 퍼트렸다. 즉, 진나라가 가장 두려워하는 조나라 장수는 염파가 아니라 조괄(趙括)이라 한 것이다. 조나라 효성왕이 그 말을 믿고 대장군을 조괄로 바꾸어 전쟁을 했으나 대패하고 40만 대군이 몰살당했다.

또 삼국시대에 오나라의 주유(周瑜)는 조조의 신임이 두터운 간첩 장간(蔣干)을 역으로 이용하여 조조군의 수군을 이끄는 채모와 장윤을 죽이게 만들었다. 결국 그 반간계는 황개의 고육지계(苦肉之計)와 더불어 적벽대전의 승리에 결정적인 영향을 미쳤다.

◎ 동거동락(X) – 동고동락(O)

　예전에 어느 예능 프로그램에 '동거동락'이라는 꼭지가 있었습니다. 그래서 많은 사람들이 '동거동락'을 한자성어로 잘못 알게 되는 일이 생겼습니다. 특히 예능 프로그램을 많이 보는 학생들에게 심각한 문제가 되었습니다. 결론부터 말하면 '동거동락'이라는 한자성어는 없습니다. 그러면 무엇이 맞을까요? '동고동락'이 맞습니다.

同苦同樂 동 고 동 락	한가지 **동**, 쓸/괴로울 **고**, 한가지 **동**, 즐길 **락**
	[의미] 괴로움도 즐거움도 함께함.
	[용례] 同苦同樂할 수 있어야 진정한 친구이다.

◎ 희안하다(X) – 희한하다(O)

　쉽게 경험할 수 없는 경우를 만났을 때 흔히 '희안하다'라고 말하는 경우가 있는데, 이는 '희한(稀罕)하다'의 잘못입니다.

稀罕 희 한	드물 **희**, 드물 **한**
	[의미] 매우 드물거나 신기함.
	[용례] 말도 희한하게 하고, 행동도 희한하게 하니, 그 사람 참 희한한 사람이네.

◎ **INFJ-내향형, 직관형, 감정형, 판단형-선지자**(The Advocate) **유형**

先見之明 | 먼저 **선**, 볼 **견**, 갈/~한 **지**, 밝을 **명**
선 견 지 명 [의미] 어떤 일이 일어나기 전에 미리 앞을 내다봄.

INFJ 성격 유형은 흔히 '선지자', '옹호자' 등으로 불립니다. 조용하고 내성적이면서도 강한 직관력과 이상주의를 가진 독특한 성향으로, 자기 내면을 깊이 탐구하면서도 세상을 더 나은 방향으로 바꾸고자 노력하는 사람들입니다.

INFJ를 대표할 수 있는 한자성어는 '先見之明(선견지명)'입니다. 뛰어난 직관력으로 현실을 정확히 판단하고 앞일을 예측하는 능력을 갖춘 유형이지요. 이 유형은 이상주의적인 성격이 강하며, 자신의 가치와 원칙을 중시하고 정의를 추구한다는 점에서 '見利思義(견리사의)'나 '先公後私(선공후사)'의 자세와도 가깝습니다.

다만 완벽주의와 그에 따른 스트레스가 심하며 때로 과도한 자책이 뒤따르기 때문에, 자신에게는 엄격하고 타인에게는 관대한 '責己恕人(책기서인)'의 성향도 지니고 있습니다.

숫자로 이루어진 한자성어

숫자는 인류가 문명을 이루기 시작하면서부터 만들어 사용한 기호이자 문자입니다. 대부분의 인류 초기 문명 발상지에서 쓰이던 숫자가 지금도 쓰이고 있는 것만 보아도 알 수 있습니다. 현재 세계에서 가장 보편적으로 사용하는 아라비아 숫자나 로마자, 한자 등이 모두 그 예입니다.

우리가 흔히 쓰는 한자성어 가운데는 숫자가 들어간 것들이 헤아릴 수 없을 정도로 많습니다. 일(一)부터 조(兆)까지 숫자가 들어간 성어를 익히고 활용해 봅니다.

一口二言 | 한 **일**, 입 **구**, 둘 **이**, 말씀 **언**
일 구 이 언

[겉뜻] 한 입으로 두말을 함.
[속뜻] 한 가지 일에 대하여 말을 이랬다저랬다 함을 이르는 말.

※ '一口二言 二父之子(일구이언 이부지자)'라는 말이 있다. 한 입으로 두 말을 하는 사람은 아버지가 둘이라는 뜻으로 매우 심한 욕이다.

唯一無二 | 오직 **유**, 한 **일**, 없을 **무**, 둘 **이**
유 일 무 이

[겉뜻] 오직 하나뿐이고 둘도 없음.

※ '유일'을 '有一'로 쓰지 않도록 주의해야 한다.

一刻千金
일 각 천 금

한 **일**, 새길 **각**, 일천 **천**, 쇠 **금**

[겉뜻] 일각(15분)이 천금에 해당함.
[속뜻] 아무리 짧은 시간이라도 천금과 같이 귀중함.

소식(蘇軾)의 시 중 "春宵一刻值千金(춘소일각치천금)"에서 유래하였다. 이 시구의 의미는 "봄밤의 짧은 시간은 천금과 맞먹는다"라는 뜻이다.

※一刻如三秋(일각여삼추)는 언뜻 보면 비슷한 뜻처럼 보이지만 전혀 다른 말이다. "아주 짧은 시간이 삼 년처럼 길게 느껴진다."는 뜻으로 간절한 그리움이나 지루함을 나타낼 때 쓴다.

千慮一失
천 려 일 실

일천 **천**, 생각 **려**, 한 **일**, 잃을 **실**

[겉뜻] 천 번 생각에 한 번 실수.
[속뜻] 슬기로운 사람이라도 여러 가지 생각 가운데에는 잘못되는 것이 있을 수 있음.

배수진을 쳐서 조나라를 이긴 한신은 명장인 광무군 이좌거를 포로로 잡아왔다. 한신은 손수 광무군의 포박을 풀어주면서 연나라와 제나라를 이길 계책을 물었다. 광무군은 패장은 말이 없다면서 사양하지만, 한신이 자신을 굽히고 간청하자 이렇게 말했다. "智者千慮必有一失(지자천려 필유일실: 지혜로운 사람이라도 천 번 생각에 반드시 한 번은 실수를 하게 마련이며), 愚者千慮必有一得(우자천려 필유일득: 어리석은 사람이라도 천 번 생각에 반드시 한번은 맞힌다.)입니다. 성인은 미치광이의 말이라도 가려서 쓰는 법이니 저의 하찮은 계책이라도 써 주신다면 기꺼이 말씀드리겠습니다." 한신은 광무군의 계책을 따랐고, 광무군은 한신을 도와 큰 공을 세웠다.

三十六計
삼 십 육 계

셋 **삼**, 열 **십**, 여섯 **륙/육**, 꾀 **계**

[겉뜻] 서른여섯 번째의 계책.
[속뜻] 문제를 해결할 뾰족한 수가 없을 때는 달아나는
것이 상책이라는 의미이다.

남북조시대 송나라의 명제(明帝)는 황제에 즉위한 이후 반란과 보복이 두려워 자신의 사촌인 무제의 아들 17명, 형제 12명, 그리고 수십 명의 손자까지 모조리 죽여버렸다. 그러자 생명의 위협을 느낀 개국공신 왕경칙이 반란을 일으켜 수도까지 진격했다. 당시 병이 위독한 명제 대신 실권을 쥐고 있던 둘째 아들 소보권은 왕경칙이 왕궁 가까이까지 왔다는 말을 듣고 도망갈 준비를 했다. 왕경칙이 이 소문을 듣고는 "그들 부자에게 뾰족한 수가 있을 수 없겠지. 단공(檀公: 송 무제의 개국공신인 단도제)의 서른여섯 가지 계책 가운데 도망이 최고의 계책이라 했으니 도망가는 게 낫겠지."라고 했다.

※흔히 '삼십육계 줄행랑'이라는 말을 쓴다. '줄행랑'이란 옛날 권세 있고 부유한 집 문간에 좌우로 늘어선 하인들의 방을 의미했다. 그런데 권세를 잃으면 그 모든 것을 버리고 정신없이 도망한 데에서 '줄행랑'이 '도망하다'라는 뜻이 되었다고 한다.

張三李四
장 삼 이 사

베풀/성씨 **장**, 셋 **삼**, 오얏/성씨 **리/이**, 넷 **사**

[겉뜻] 장씨(張氏)의 셋째 아들과 이씨(李氏)의 넷째 아들.
[속뜻] 이름이나 신분이 특별하지 아니한 평범한 사람들.

중국에 흔하디흔한 성씨가 장씨와 이씨이다. 게다가 예전에는 자식도 많았다. 그러니 장씨네 셋째 아들, 이씨네 넷째 아들은 흔하고 평범한 사람에 불과했다.

※'張三李四'와 비슷한 말로 匹夫匹婦(필부필부)와 甲男乙女(갑남을녀) 등이 있다.

四書三經
사 서 삼 경
넷 **사**, 책 **서**, 셋 **삼**, 경서 **경**

[의미] 사서와 삼경을 아울러 이르는 말.

※사서: 論語(논어), 孟子(맹자), 大學(대학), 中庸(중용) 등 네[四] 권의 책[書]. 삼경: 詩經(시경), 書經(서경), 易經(역경) 등 세[三] 권의 경서[經].('역경'은 흔히 '周易(주역)'이라고 함.)

四分五裂
사 분 오 열
넷 **사**, 나눌 **분**, 다섯 **오**, 찢을 **렬/열**

[겉뜻] 넷으로 나뉘고 다섯으로 찢어짐.
[속뜻] 의견이나 지역이 여러 갈래로 갈기갈기 갈라지거
나 세력이 여러 갈래로 찢어져 약화됨.

전국시대에 합종책(合從策)을 주장한 병법가 소진(蘇秦)이 육국을 돌면서 유세를 하고 다녔는데, 그중 위나라의 애왕(哀王)에게는 다음과 같은 이유를 들어 합종을 주장하였다. "위나라는 그다지 넓지도 않고, 병사도 30만밖에 되지 않습니다. 또한 지세도 편편하여 사방에서 제후들이 쳐들어오면 이를 막을 만한 산이나 요새도 없는, 그야말로 전쟁터라 할 수 있습니다. 게다가 동쪽에는 제나라, 남쪽에는 초나라, 북쪽에는 조나라, 서쪽에는 한나라가 있어 호시탐탐 위나라를 노리고 있습니다. 그래서 위나라가 남쪽으로 초나라와 연합하면 제나라가 동쪽을 치고, 제나라와 연합하면 조나라가 북쪽을 치며, 한나라와 연합하지 않으면 한나라가 서쪽을 치고, 초나라와 친하지 않으면 초나라가 남쪽을 공격할 것입니다. 이것을 바로 '사분오열의 도'라고 하는 것입니다."

※四分五裂(사분오열)은 여기서 유래되었는데, 위나라의 애왕은 그 말을 듣고는 바로 합종책에 동의했다.

四大六身
사 대 육 신

넷 **사**, 큰 **대**, 여섯 **륙/육**, 몸 **신**

[겉뜻] 두 팔, 두 다리, 머리, 몸뚱이.
[속뜻] 사대(四大)로 이루어진 사람의 온몸.

※四大: 사람의 몸이 땅, 물, 불, 바람의 네 가지 원소로 이루어졌다 하여 그렇게 부른다.

七顚八起
칠 전 팔 기

일곱 **칠**, 넘어질 **전**, 여덟 **팔**, 일어날 **기**

[겉뜻] 일곱 번 넘어지고 여덟 번 일어남.
[속뜻] 여러 번 실패하여도 굴하지 아니하고 꾸준히 노력함.

※여기서 7과 8은 특정한 숫자를 가리키는 것은 아니다. 여러 번 넘어져도 다시 일어난다는 뜻이다. 왕년의 권투 선수 홍수환은 4번이나 다운을 당했지만 5번째로 일어나 끝내 이겼다. 그래서 '4전5기'라는 말이 탄생했다.

九牛一毛
구 우 일 모

아홉 **구**, 소 **우**, 한 **일**, 털 **모**

[겉뜻] 아홉 마리의 소 가운데 박힌 하나의 털.
[속뜻] 매우 많은 것 가운데 극히 적은 수.

《사기》를 쓴 사마천은 흉노에게 항복한 이릉 장군을 옹호했다는 죄로 궁형에 처해졌는데, 자신의 심정을 이렇게 토로했다. "만약 제가 형벌에 복종하여 죽임을 당한다고 하더라도 '아홉 마리의 소에서 털 하나를 잃어버리는 것과 같으니[若九牛亡 一毛(약구우망일모)]' 땅강아지나 개미의 죽음과 무엇이 다르겠습니까?

※'구우일모'의 동의어로 '滄海一粟(창해일속)'이 있다. 이는 넓고 큰 바닷속의 좁쌀 한 알처럼 보잘것없는 존재를 가리킨다.
※숫자로 된 성어에서 '九'는 매우 많은 것을 가리키고 'ㅡ'은 매우 적은 것을 가리킨다. '九死 一生(구사일생)'에 쓰인 '九'와 'ㅡ'도 그런 경우이다.

十匙一飯
십 시 일 반
열 **십**, 숟가락 **시**, 한 **일**, 밥 **반**

[겉뜻] 밥 열 술이 한 그릇이 됨.
[속뜻] 여러 사람이 조금씩 힘을 합하면 한 사람을 돕기 쉬움.

※ '十匙一飯'의 '匙(시)'는 '숟가락'을 가리킨다. 젓가락은 '箸(저)'라고 한다. 두 글자를 합하여 '匙箸(시저)'라고 하는데, 그 말이 변하여 '수저'가 되었다.

百戰百勝
백 전 백 승
일백 **백**, 싸울 **전**, 일백 **백**, 이길 **승**

[겉뜻] 백 번 싸워 백 번 이김.
[속뜻] 싸울 때마다 다 이김.

※《손자병법》에 있는 말은 '知彼知己(지피지기) 百戰百勝(백전백승)'이 아니 라 '知彼知己(지피지기) 百戰不殆(백전불태)'이다. '적을 알고 나를 알면 백 번 싸워도 위험에 빠지지 않는다.' 는 의미이다.

※ '百戰百勝'에서 '百'은 꼭 100을 의미하는 것이 아니다. '아주 많다', 또는 '전부'를 가리키는 경우가 많다. '百發百中(백발백중)'이나 '百折不屈(백절불굴)'에 쓰인 '百'도 같은 경우이다.

百折不屈
백 절 불 굴
일백 **백**, 꺾을 **절**, 아니 **불**, 굽을 **굴**

[겉뜻] 백 번 꺾여도 굽히지 않음.
[속뜻] 어떠한 난관에도 결코 굽히지 않음.

한나라 때 교현이란 사람은 강직하기로 유명했다. 하루는 교현의 어린 아들이 도적 떼에게 붙잡혀갔는데, 군사들은 아이가 다칠까 봐 함부로 접근하지 못했다. 교현은 자신의 아들 때문에 백성들의 화근인 도적을 놓아둘 수 없다고 병사들을 다그쳐 도적 떼를 진압하였다. 후에 교현은 태중대부 개승이란 자가 황제와 친분이 두터운 것을 믿고 백성들의 재물을 빼앗는 등 탐학을 일삼자, 이를 적발하여 상소하였다. 황제가 교현의 말을 듣지 않자 교현은 즉시 병을 핑계로 사직하고 고향으로 돌아가버렸다. 유명한 문필가 채옹은 그가 죽자 비문에 "백 번 꺾여도 굽히지 않고, 큰 절개가 있어 빼앗을 수 없는 풍모를 지니고 있었다."라고 썼다.

千辛萬苦
천 신 만 고

일천 **천**, 매울 **신**, 일만 **만**, 쓸 **고**

[겉뜻] 천 가지 매운 것과 만 가지 쓴 것.
[속뜻] 온갖 어려운 고비를 다 겪으며 심하게 고생함.

※'辛(신)'은 본래 '매운맛'을, '苦(고)'는 '쓴맛'을 가리키는 한자이다. 그런데 매운 것과 쓴 것은
  먹기에 괴롭기 때문에 둘 다 고통의 의미로 쓰게 된 것이다.
※'千辛萬苦'에서 '千'과 '萬'은 '매우 많다', '온갖' 등의 뜻으로 쓰인다. '千萬 多幸(천만다행)',
  '千差萬別(천차만별)' 등에 쓰인 '千'과 '萬'도 비슷한 경우이다.

萬事亨通
만 사 형 통

일만 **만**, 일 **사**, 형통할 **형**, 통할 **통**

[겉뜻] 만 가지 일이 막힘없이 통함.
[속뜻] 모든 것이 뜻대로 잘됨.

※흔히 모든 일이 다 잘되시라고 축복하는 말이나 글에 쓰는 말이다. 여기서 '萬'도 '모든'이나
  '온갖'의 뜻을 지니고 있다.

億萬長者
억 만 장 자

일억 **억**, 일만 **만**, 어른 **장**, 사람 **자**

[겉뜻] 억이나 만을 가진 사람.
[속뜻] 헤아리기 어려울 만큼 많은 재산을 가진 사람.

※비슷한 말로 百萬長者(백만장자)가 있다.

億兆蒼生
억 조 창 생

일억 **억**, 조짐/조 **조**, 푸를 **창**, 날 **생**

[겉뜻] 억이나 조로 헤아릴 만한 백성.
[속뜻] 수많은 백성.

※지금은 億이 萬의 10,000배지만, 조선시대에 億은 10만을 가리켰다. 김득신이 '백이전'을
  一億一萬三千(일억일만삼천) 번 읽었다고 하는데, 이는 지금 단위로는 11만 3천 번이라는 의
  미이다.

南柯一夢 남 가 일 몽	남녘 **남**, 가지 **가**, 한 **일**, 꿈 **몽**
	[겉뜻] 남쪽 가지 아래서 꾼 한바탕의 꿈. **[속뜻]** 꿈과 같이 헛된 한때의 부귀영화.

　중국 당나라의 순우분이라는 사람이 술에 취하여 홰나무의 남쪽으로 뻗은 가지 밑에서 잠이 들었다. 그는 괴안국이라는 나라에 들어가 공주와 결혼하여 부마가 되고 남가군의 태수로 임명되었다. 그는 그곳에서 부귀영화를 누리다가 다시 집으로 돌아왔는데, 깨보니 꿈이었다.

　※꿈과 같이 헛된 부귀영화를 가리키는 '一場春夢(일장춘몽)'도 '南柯一夢'과 비슷한 뜻이다.

聞一知十 문 일 지 십	들을 **문**, 한 **일**, 알 **지**, 열 **십**
	[겉뜻] 하나를 들으면 열을 앎. **[속뜻]** 지극히 총명함.

　공자가 제자인 자공(子貢)에게 "너와 안회(顏回) 중에 너가 더 나으냐?"라고 물었다. 그러자 자공은 "제가 어찌 안회를 바라보기나 하겠습니까? 저는 하나를 들으면 둘을 아는 정도이지만, 안회는 하나를 들으면 열을 압니다."라고 대답했다. 여기서 천재를 의미하는 '聞一知十'이 나왔다.

朝三暮四
조 삼 모 사

아침 **조**, 셋 **삼**, 저물 **모**, 넷 **사**

[겉뜻] 아침에는 셋, 저녁에는 넷.
[속뜻] 간사한 꾀로 남을 속여 희롱함.

원숭이를 좋아하여 많이 기르는 저공(狙公)이라는 사람이 있었다. 흉년이 들어 원숭이를 먹일 식량이 부족하자 하루에 10개씩 주던 상수리를 7개로 줄여야 했다. 그는 원숭이들에게 "아침에 3개를 주고 저녁에 4개를 주면 어떻겠니?"라고 말하자 원숭이들이 아침에 3개는 너무 적다며 화를 냈다. "그렇다면 아침에 4개를 주고 저녁에 3개를 줄까?"라고 말했더니 원숭이들이 좋아했다.

君子三樂
군 자 삼 락

임금 **군**, 아들 **자**, 셋 **삼**, 즐길 **락**

[겉뜻] 군자의 세 가지 즐거움.

《맹자》에 나오는 말이다. 맹자는 군자에게 세 가지 즐거움이 있는데, 천하에 왕노릇하는 것은 거기에 들지 못한다며 다음 세 가지를 꼽았다. 첫째, 부모가 모두 살아 계시고 형제가 무고한 것. 둘째, 우러러 하늘에 부끄럽지 않고, 굽어 사람에게 부끄럽지 않은 것. 셋째, 천하의 영재를 얻어 그들을 가르치는 것.

千金買笑 천 금 매 소	일천 **천**, 쇠/돈 **금**, 살 **매**, 웃을 **소**
	[겉뜻] 천금을 들여 웃음을 삼.
	[속뜻] 지극히 어리석고 무모한 행동. 또는 쓸데없는 일에 돈과 힘을 낭비하는 일.

서주(西周)의 유왕(幽王)은 흔히 중국의 4대 폭군이라고 불리는 걸주유려(桀紂幽厲) 중 한 사람이었다. 유왕은 성품이 난폭하고 주색을 좋아하여 정사는 늘 뒷전이었다. 그는 포사(褒姒)라는 미녀에게 빠져 정비(正妃)도 버리고 포사를 왕비의 자리에 올려놓았다. 본래 주나라의 정복국인 포나라에서 온 포사는 절세 미인이었지만 도무지 웃지를 않았다. 유왕은 포사를 웃게 하기 위해 별의별 방법을 다 써보았지만 모두 허사였다. 급기야 유왕은 포사를 웃게 하는 사람에게는 천금의 상을 내리겠다고 영을 내렸다.

그러자 포사의 측근이기도 한 간신 괴석보라는 자가 거짓으로 봉화를 올려 제후들을 불러모은 다음 허탈하게 돌아가는 모습을 보면 포사가 웃을 것이라고 했다. 오직 포사의 웃음을 보고 싶었던 유왕은 그 말에 따라 급하게 봉화를 올렸다. 제후들은 큰일이 난 줄 알고 일제히 군사를 동원하여 수도로 모여들었다. 그러나 유왕은 별일 아니라며 제후들을 돌려보냈고, 허탕을 치고 돌아가는 제후들의 모습을 누각 위에서 보고 있던 포사가 손뼉을 치며 깔깔 웃었다. 유왕은 포사가 웃는 것을 보고 싶어 계속해서 거짓 봉화를 올렸고, 처음에는 봉화를 보고 달려왔던 제후들도 나중에는 거짓인 줄 알고 오지 않았다.

한편 포사에게 정비의 자리를 빼앗긴 신후(申后)는 유왕이 자신의 아들인 의구(宜臼)를 죽이고 포사가 낳은 아들에게 왕위를 계승하려는 것을 알고 한을 품었다. 그녀는 결국 오랑캐인 견융(犬戎)과 결탁하여 주나라를 침략하도록 했다. 견융이 쳐들어오자 유왕은 부랴부랴 봉화를 올렸으나 제후들은 아무도 구하러 오지 않았고, 결국 유왕은 오랑캐에게 사로잡혀 죽임을 당하였다. '千金買笑'의 끝은 그렇게 비참했다.

당신의 문해력 文解力은?

◎ 삼지사방(X) − 산지사방(O)

물건이나 사람이 이리저리 흩어지는 것을 가리킬 때 '삼지사방'으로 쓰는 경우가 있습니다. 여기저기로 흩어지니까 아마도 '三'과 '四'로 오해하고 그렇게 쓰는 듯합니다. 그러나 옳은 표현은 '산지사방'입니다.

散之四方	흩어질 **산**, 갈 **지**, 넷 **사**, 모/방위 **방**
산 지 사 방	[의미] 사방으로 흩어짐.

◎ 폭팔(X) − 폭발(O)

"분노가 '폭팔'했다."와 "분노가 '폭발'했다." 중 어느 것이 맞을까요? '폭발'이 맞습니다. 이때 '暴(폭)'은 '갑자기'라는 뜻이고, '發(발)'은 '터지다'라는 뜻입니다. 그러니까 글자대로 풀이하면 '갑자기 터져나오다'의 뜻이 됩니다.

暴發	사나울/갑자기 **폭**, 필/터질 **발**
폭 발	[의미] 쌓여 있던 감정, 열기 따위가 일시에 갑자기 터져 나옴.

※폭탄이 터지는 것도 '폭발'인데 이때는 '爆發'이라고 씁니다. '暴發'과 발음도 같고, 글자와 의미도 비슷하니 잘 구별해야 합니다.

◎ INTJ – 내향형, 직관형, 사고형, 판단형 – 전략가(The Architect) 유형

周到綿密	두루 주, 이를 도, 솜 면, 빽빽할 밀
주 도 면 밀	[의미] 주의가 두루 미쳐 자세하고 빈틈이 없음.

INTJ 성격 유형은 흔히 '용의주도한 전략가'로 불립니다. 이 유형의 사람들은 독립적이고 논리적인 사고를 지닌 유형으로 알려져 있습니다. 높은 목표 의식을 지니고 그 목표의 달성을 위해 냉철하고 논리적으로 접근하는 특징이 있습니다. INTJ를 대표할 수 있는 한자성어는 '周到綿密(주도면밀)'입니다. 매사에 꼼꼼하고 빈틈이 없어야 직성이 풀리는 성향입니다.

이 유형은 체계적인 계획을 세워 목표를 이루기 위해 노력하며, 목표 달성을 위해 냉철하고 논리적으로 접근한다는 점에서 '初志一貫(초지일관)'의 자세가 요구되기도 하며, 실제로 그런 자세로 일에 임합니다. 끊임없이 지적 탐구에 대한 욕구를 가진 점에서는 '自强不息(자강불식)'의 태도에도 어울립니다.

완벽주의 성향이 강하며, 인간관계에서도 감정보다는 효율성이나 생산성을 중시하기 때문에, 좋게 보면 '獨也靑靑(독야청청)'으로 나타나지만, 자칫 '獨不將軍(독불장군)'의 성향으로 보일 염려가 있습니다.

동물이 들어간 한자성어

한자성어 가운데는 동물을 주인공으로 하거나 대상으로 하는 것들이 매우 많습니다. 인격화한 동식물이나 기타 사물을 주인공으로 하여 그들의 행동 속에 풍자와 교훈의 뜻을 나타내는 우화(寓話)와 일맥상통합니다. 이를테면 대표적인 우화집인 《이솝우화》는 주로 동물을 등장시켜 이야기를 엮어나가지만, 결국은 모두 사람들의 태도나 처세에 관한 교훈을 담고 있습니다. 동물이 들어가는 한자성어 또한 그와 비슷합니다. 그 동물의 특성이나 행동을 빗대어 사람들의 이야기를 하고 있는 것이지요.

烏飛梨落
오 비 이 락

까마귀 **오**, 날 **비**, 배 **리/이**, 떨어질 **락**

[겉뜻] 까마귀 날자 배 떨어진다.
[속뜻] 아무 관계도 없이 한 일이 공교롭게도 때가 같아 억울하게 의심을 받거나 난처한 위치에 서게 됨.

※ 비슷한 속담
瓜田不納履(과전불납리): 오이(참외)밭에서 신발을 고쳐 신지 마라.
李下不整冠(이하부정관): 오얏(자두)나무 아래에서 갓끈을 고쳐 매지 마라.

堂狗風月
당 구 풍 월

집 **당**, 개 **구**, 바람 **풍**, 달 **월**

[겉뜻] 서당 개가 풍월을 읊다.(서당 개 삼년에 풍월을 한다.)
[속뜻] 그 분야에 경험과 지식이 전혀 없는 사람이라도 오래 있으면 얼마간의 경험과 지식을 가짐.

※ '堂狗風月'에서 '堂'은 '서당'이라는 뜻으로 쓰였다.

鳥足之血 조 족 지 혈	새 **조**, 발 **족**, 갈/~의 **지**, 피 **혈**
	[겉뜻] 새 발의 피.
	[속뜻] 매우 적은 분량. 또는 매우 영향이 적음.

※우리 속담에 "모기 다리의 피만 하다."나 "새알꼽재기만 하다." 등이 '鳥足之血'과 비슷한 뜻이다.

牛耳讀經 우 이 독 경	소 **우**, 귀 **이**, 읽을 **독**, 경서 **경**
	[겉뜻] 쇠귀에 경 읽기.
	[속뜻] 아무리 가르치고 일러 주어도 알아듣지 못함.

※ 牛耳誦經(우이송경)도 같은 뜻으로 쓰이는 성어이다.

鷄卵有骨 계 란 유 골	닭 **계**, 알 **란**, 있을 **유**, 뼈 **골**
	[겉뜻] 달걀에도 뼈가 있다.(달걀이 곯았다.)
	[속뜻] 운수가 나쁜 사람은 모처럼 좋은 기회를 만나도 역시 일이 잘 안됨.

　　황희정승은 청렴하여 뇌물은 물론 선물도 받지 않았다. 하루는 임금이 궁궐로 들어오는 선물은 모두 황희정승 집으로 보내라고 어명을 내렸다. 그런데 하필 종일 비가 내려 아무것도 들어오지 못하다가 저녁때가 되어 농부가 달걀 한 꾸러미를 보내왔다. 황희정승이 그 달걀을 삶아 먹으려고 했는데 모두 곯아서 먹을 수 없는 것이었다. 여기서 모처럼 기회를 만났지만 역시 일이 뜻대로 되지 않는다는 '鷄卵有骨'이라는 성어가 나왔다.

鷄鳴狗盜	닭 **계**, 울 **명**, 개 **구**, 훔칠 **도**
계 명 구 도	[겉뜻] 닭울음 소리를 내고 개처럼 물건을 훔침.
	[속뜻] 비굴하게 남을 속이는 하찮은 재주.

제나라에서 진나라로 간 맹상군은 재상에 임명되었으나 신하들이 반대하여 투옥되었다. 진나라 소왕의 총희(총애하는 궁녀)에게 호백구(밍크코트)를 선물하면 그녀가 왕에게 말해서 풀어줄 수도 있었다. 하지만 이미 호백구는 소왕에게 바친 뒤였다. 그때 데리고 간 식객 중에 개처럼 도둑질을 잘하는 사람이 임금의 창고에 들어가 호백구를 훔쳐다가 총희에게 바쳤다. 총희가 진왕에게 잘 말하여 석방된 맹상군은 바로 도망을 갔는데, 뒤늦게 깨달은 왕이 추격하게 했다. 두 나라의 국경인 함곡관에 이르렀는데, 닭이 울어야 문을 열어주게 되어 있었다. 그때 식객 중에 닭울음 흉내를 잘 내는 자가 있어 닭울음 소리를 내자 문이 열려 목숨을 건졌다.

犬馬之勞	개 **견**, 말 **마**, 갈/~의 **지**, 수고로울 **로**
견 마 지 로	[겉뜻] 개나 말의 수고.
	[속뜻] 윗사람에게 충성을 다하는 자신의 노력을 낮추어 이르는 말.

※비슷한 말로 '犬馬之誠(견마지성)'과 '犬馬之心(견마지심)'이 있다.

犬猿之間	개 **견**, 원숭이 **원**, 갈/~의 **지**, 사이 **간**
견 원 지 간	[겉뜻] 개와 원숭이의 사이.
	[속뜻] 사이가 매우 나쁜 두 관계를 비유적으로 이르는 말.

※비슷한 말로 '개와 고양이의 사이'를 의미하는 '犬猫之間(견묘지간)'이 있다.

鷄口牛後 계 구 우 후	닭 **계**, 입 **구**, 소 **우**, 뒤 **후**
	[겉뜻] 닭의 입과 소의 뒤(항문). (사전: 닭의 주둥이와 소의 꼬리.) [속뜻] 큰 단체의 꼴찌보다는 작은 단체의 우두머리가 되는 것이 오히려 나음.

　전국시대 소진(蘇秦)은 육국(六國)이 연합하여 강한 진나라에 대항하는 합종책을 설득한 사람이다. 그는 한(韓)나라 선혜왕에게 이렇게 유세했다.

　"대왕께서 진을 섬기면 진나라는 끊임없이 땅을 떼어줄 것을 요구할 것입니다. 결국은 바칠 땅도 없이 망하고 맙니다. 속담에 '닭의 입(부리)이 될지언정 소의 뒤(항문)는 되지 마라.'고 했습니다. 지금 대왕께서 진을 섬긴다면 소의 뒤가 되는 것이 아니고 무엇이겠습니까?" 결국 선혜왕은 소진의 설득에 넘어갔다.

矯角殺牛 교 각 살 우	바로잡을 **교**, 뿔 **각**, 죽일 **살**, 소 **우**
	[겉뜻] 소의 뿔을 바로잡으려다가 소를 죽임. [속뜻] 잘못된 점을 고치려다가 그 방법이나 정도가 지나쳐 오히려 일을 그르침.

馬耳東風 마 이 동 풍	말 **마**, 귀 **이**, 동녘 **동**, 바람 **풍**
	[겉뜻] 말귀에 봄바람. [속뜻] 남의 말을 귀담아 듣지 아니하고 지나쳐 흘려버림.

　이백(李白)의 시 가운데, 백 년도 못 되는 인생 즐겁게 살자는데, 사람들은 그 말을 듣고 머리를 흔드는 것이 마치 봄바람이 말의 귀에 스쳐가는 것처럼 귓등으로도 안 듣는다는 내용이 있다. 말은 봄바람이 제 귀를 스쳐가든 말든 신경도 쓰지 않는다는 데에서 '馬耳東風'이 나왔다.

老馬之智
노 마 지 지

늙을 로/**노**, 말 **마**, 갈/~의 **지**, 지혜 **지**

[겉뜻] 늙은 말의 지혜.
[속뜻] 경험이 많은 사람이 일을 잘 처리한다.

관중(管仲)과 습붕(隰朋)이 제나라 환공(桓公)을 따라 고죽(孤竹)을 정벌하러 갔다. 봄에 원정을 떠났는데 계절이 바뀌어 겨울이 되었다. 온 산하에 눈이 쌓이자 돌아갈 길을 잃고 말았다. 그때 관중이 "늙은 말의 지혜를 이용할 수 있다."라고 말했다. 늙은 말은 전쟁터를 무수히 오갔기 때문에 본능적으로 길을 기억하고 있었다. 과연 늙은 말을 풀어 놓고 그 뒤를 따라가서 길을 찾게 되었다.

※ '老馬之智'와 같은 말로 '老馬識道(노마식도)'가 있다. '늙은 말이 길을 안다.'는 의미이다.

守株待兎
수 주 대 토

지킬 **수**, 그루 **주**, 기다릴 **대**, 토끼 **토**

[겉뜻] 그루터기를 지키며 토끼를 기다림.
[속뜻] 한 가지 일에만 얽매여 발전을 모르는 어리석은 사람. 융통성 없는 사람.

송나라에 어떤 농부가 밭을 갈고 있었다. 그런데 그때 갑자기 숲에서 토끼가 달려 나오더니 밭 가에 있는 그루터기에 머리를 박고 죽었다. 쉽게 토끼를 얻은 농부는 농사를 제쳐두고 그루터기에 앉아 토끼가 달려 나오기만 기다렸다. 그러나 끝내 토끼는 다시 나타나지 않았고 농사만 망치고 말았다.

※ '守株待兎'는 우리 속담에 '감나무 밑에 누워서 홍시 떨어지기를 기다린다.'는 말과 비슷한 뜻으로도 쓰인다.

犬兎之爭
견 토 지 쟁
개 **견**, 토끼 **토**, 갈/~의 **지**, 다툴 **쟁**

[겉뜻] 개와 토끼의 다툼.
[속뜻] 둘이 다투는 사이 제삼자가 이익을 봄.

제나라 왕이 위나라를 치려고 하자 순우곤이 비유를 들어 진언했다.

"한자로(韓子盧)라는 아주 날랜 사냥개와 동곽준(東郭逡)이라는 발 빠른 토끼가 있었습니다. 개가 토끼를 뒤쫓았습니다. 그들은 수십 리에 이르는 산자락을 세 바퀴나 돌고 가파른 산꼭대기까지 다섯 번이나 오르내리며 각축을 벌였습니다. 결국 쫓기는 토끼는 앞에서 힘이 다하고, 쫓던 개는 뒤에서 힘이 다하여 모두 그 자리에 쓰러져 죽고 말았습니다. 그것을 발견한 농부가 힘들이지 않고 횡재를 하였습니다. 지금 제나라와 위나라는 병사들도 지쳐 있고 백성들도 피폐해 있습니다. 강한 진(秦)나라나 큰 초(楚)나라가 그 농부처럼 될까 걱정입니다."

羊頭狗肉
양 두 구 육
양 **양**, 머리 **두**, 개 **구**, 고기 **육**

[겉뜻] 양의 머리를 걸어 놓고 개고기를 팖.
[속뜻] 겉보기만 그럴듯하게 보이고 속은 변변치 못함.

제나라의 영공(靈公)이 궁중의 여자들에게 남장을 시키자 백성들이 모두 따라했다. 영공은 여자 백성들에게 남장을 금지하도록 명을 내렸으나 지켜지지 않았다. 결국 재상인 안자(晏子)에게 물으니 안자가 대답했다. "왕께서는 궁중의 여자들에게는 남장을 하라고 하시면서 백성들에게만 하지 말라고 하십니다. 그것은 마치 소머리를 문에 걸어 놓고 안에서는 말고기를 파는 것과 같은 일입니다. 궁중에서도 남장을 못 하게 하시면 백성들도 감히 못 할 것입니다." 영공은 옳다고 하며 궁중에서도 남장을 하면 안 된다는 명을 내렸다. 한 달여가 지나자 아무도 남장을 하지 않았다.

※ '羊頭狗肉'은 본래 '소머리를 걸어놓고 말고기를 판다.'는 '牛頭馬肉(우두마육)'에서 나왔다.

讀書亡羊
독 서 망 양

읽을 **독**, 책 **서**, 망할/잃을 **망**, 양 **양**

[겉뜻] 책을 읽다가 양을 잃어버림.
[속뜻] 하는 일에는 뜻이 없고 다른 생각만 하다가 낭패를 봄.

장(臧)과 곡(穀)이라는 이름을 가진 두 사람이 양을 기르다가 다 같이 양을 잃어버렸다. 장에게 어찌된 일이냐고 물었더니 책을 읽느라고 양을 잃었다고 했다. 곡에게 어찌된 일이냐고 물었더니 주사위 놀이를 하다가 양을 잃었다고 했다. '讀書亡羊'은 결국 본래의 일에 충실하지 못하고 딴짓을 하면 본래 목적마저 상실한다는 뜻이다.

虎視牛步
호 시 우 보

호랑이 **호**, 볼 **시**, 소 **우**, 걸음 **보**

[겉뜻] 호랑이처럼 바라보고 소처럼 걷다.
[속뜻] 호랑이처럼 집중력 있게 통찰하고, 소처럼 우직하게 꾸준히 실천하라.

※호랑이는 토끼 한 마리를 잡을 때도 최대한 집중하고 최선을 다한다고 한다. 소는 말처럼 빠르지는 않지만 끈기와 지구력이 뛰어난 동물이다. 우리말에 '황소걸음'이라는 말은 비록 느리더라도 착실하게 행동을 해 나가는 것을 비유적으로 이르는 말이다. '牛步'가 바로 '황소걸음'이다.

三人成虎 삼 인 성 호	셋 삼, 사람 인, 이룰 성, 호랑이 호
	[겉뜻] 세 사람이 짜면 거리에 범이 나왔다는 거짓말도 꾸밀 수 있음.
	[속뜻] 근거 없는 말이라도 여러 사람이 말하면 곧이듣게 됨.

전국시대 위(魏)나라의 방총이라는 충신이 태자와 함께 인질로 조나라의 수도 한단에 끌려가게 되었다. 그는 떠나기 전에 임금을 만나 이렇게 말했다. "한 사람이 와서 시장 바닥에 호랑이가 나타났다고 하면 왕께서 믿으시겠습니까?" "믿지 않겠소." "두 사람이 와서 말하면 믿으시겠습니까?" "의심해 보겠소." "세 사람이 말하면요?" "그럼 믿겠소." "시장 바닥에 호랑이가 나타날 리가 없는데도 세 사람이 말하면 믿게 됩니다. 지금 저를 참소하는 사람은 셋보다 많고 한단까지의 거리는 시장보다 훨씬 멉니다. 제가 떠난 뒤 사람들이 참소하면 왕께서는 절대 믿지 마십시오." "그건 과인이 알아서 할 일이오." 방총이 조나라에 도착하기도 전에 왕에게 참소가 들어갔고, 끝내 방총은 위나라로 돌아와 왕을 만날 수 없었다.

龍頭蛇尾 용 두 사 미	용 룡/용, 머리 두, 뱀 사, 꼬리 미
	[겉뜻] 용의 머리 뱀의 꼬리.
	[속뜻] 처음은 왕성하나 끝이 부진한 현상.

※ "시작은 미약하나 끝은 창대하다."라는 말과 반대되는 의미로 쓰이는 말이다.

魚頭肉尾 어 두 육 미	물고기 어, 머리 두, 고기 육, 꼬리 미
	[의미] 물고기는 머리 부분이 맛있고, 짐승 고기는 꼬리 부분이 맛있다.

猫項懸鈴
묘 항 현 령

고양이 **묘**, 목 **항**, 매달 **현**, 방울 **령**

[겉뜻] 고양이 목에 방울 달기.
[속뜻] 실행할 수 없는 헛된 논의를 이르는 말.

무서운 고양이 때문에 살 수가 없다고 쥐들이 모여 회의를 했다. 어떤 쥐가 말하기를 "고양이 목에 방울을 달면 우리가 방울 소리를 듣고 도망갈 수 있지 않을까?"라고 했다. 쥐들이 뛸 듯이 기뻐하며 말하기를 "네 말이 옳다. 우리가 무엇을 두려워할 것인가?"라고 했다. 그러자 큰 쥐 한 마리가 천천히 말했다. "그렇게 하면 좋기는 하겠지만, 누가 우리를 위해 고양이 목에 방울을 달 건데?" 그러자 쥐들이 깜짝 놀라고 말았다.

※ '猫項懸鈴'과 비슷한 말로 '卓上空論(탁상공론)'이 있다.

見蚊拔劍
견 문 발 검

볼 **견**, 모기 **문**, 뺄 **발**, 칼 **검**

[겉뜻] 모기를 보고 칼을 빼든다.
[속뜻] 사소한 일에 크게 성내어 덤빔.

조조에게 인정받아 높은 벼슬까지 지낸 왕사라는 사람이 있었다. 왕사는 노년기에 성질이 고약하고 고집불통이 되어 사소한 일에도 화를 자주 냈다. 어느 날 성질 급한 왕사가 글씨를 쓰는데 파리 한 마리가 붓끝에 앉았다. 두세 번 쫓았으나 또 날아오자 화가 나서 일어나 파리를 쫓아냈고, 그래도 뜻대로 되지 않자 붓을 몽땅 땅에 집어던지고 밟아서 망가뜨렸다고 한다. 이 고사가 우리나라에 전해지면서 파리가 모기로 변하고 붓이 칼로 변하여 '견문발검(見蚊拔劍)'이 되었다고 한다.

※ 우리 속담에 '빈대 잡으려고 초가삼간 태운다.'라는 말과 속뜻이 비슷하다.

蝸角之爭	달팽이 **와**, 뿔 **각**, 갈/~의 **지**, 다툴 **쟁**
와 각 지 쟁	[겉뜻] 달팽이 뿔 위에서의 싸움. [속뜻] 하찮은 일로 벌이는 싸움.

위나라의 혜왕과 제나라의 위왕이 서로 침략하지 말자고 맹약을 했는데, 제나라에서 약속을 어겼다. 화가 난 혜왕은 자객을 보내 위왕을 죽이겠다고 마음먹고 대신들에게 의견을 물었다. 혜자(惠子)가 왕에게 대진인(戴晉人)을 데리고 가자 대진인이 왕에게 다음과 같은 이야기를 해 주었다.

"달팽이에게 두 개의 뿔이 있는데 각각 그곳에 나라를 세웠습니다. 왼쪽 뿔에 있는 나라는 촉씨(觸氏)라 하고, 오른쪽 뿔에 있는 나라는 만씨(蠻氏)라고 합니다. 때마침 두 나라가 영토를 놓고 서로 싸워 수만의 시체가 쌓이고 도망가는 군대를 쫓아갔다가 보름 만에야 돌아왔다고 합니다."

이 황당한 이야기는 천하를 놓고 보면 촉씨나 만씨에 불과한 작은 나라들이 공연히 전쟁을 하여 서로 피해를 보지 말라고 경계한 것이다. 하찮은 일이나 작은 이익을 놓고 목숨 걸고 싸울 필요가 없다는 교훈이다.

螳螂拒轍	사마귀 **당**, 사마귀 **랑**, 막을 **거**, 수레바퀴 **철**
당 랑 거 철	[겉뜻] 사마귀가 수레바퀴를 가로막음. [속뜻] 제 역량을 생각하지 않고, 강한 상대나 되지 않을 일에 덤벼드는 무모한 행동.

제나라 장공이 사냥을 가는데 벌레 한 마리가 발을 치켜들고 수레바퀴를 공격하려 했다. 마부에게 무슨 벌레냐고 물으니 마부가 말했다. "사마귀인데 이놈은 전진할 줄만 알고 후퇴할 줄은 모르며, 제 역량도 생각지 않고 적을 가볍게 여깁니다." 이 말을 들은 장공은 "저 벌레가 사람이라면 반드시 천하의 용장이 되었을 것이다."라며 수레를 돌려 피해가도록 했다.

당신의 문해력 文解力은?

◎ 호위호식(X) - 호의호식(O)

　잘 입고 잘 먹는 것을 '호위호식'으로 잘못 알고 있는 사람들이 있습니다. 하지만 이는 '호의호식'의 명백한 오류입니다. '호위호식'이 아니라 '호의호식' 이라고 하니까 이번에는 '호가호위'를 '호가호의'로 오해합니다. 잘 구별해야 합니다. '호의호식', '호가호위'가 맞습니다.

好衣好食 호 의 호 식	좋을 호, 옷 의, 좋을 호, 밥 식
	[의미] 좋은 옷을 입고 좋은 음식을 먹음.
	[용례] 헐벗고 굶주리는 형제가 있는데 혼자 好衣好食하는 것은 인간의 도리에 어긋난다.

◎ '곤욕'과 '곤혹'의 차이

　발음이 비슷하여 뜻이 헷갈리는 어휘들이 참 많습니다. 그중에 '곤욕'과 '곤혹'도 그러합니다. 한자로 뜻을 알아두면 헷갈릴 일이 없습니다.

困辱 곤 욕	곤할 곤, 욕될 욕
	[의미] 심한 모욕. 또는 참기 힘든 일.

　※ 주로 '곤욕을 당하다'의 형식으로 쓰임.

困惑 곤 혹	곤할 곤, 의혹될/당혹스러울 혹
	[의미] 곤란한 일을 당하여 어찌할 바를 모름.

　※ 주로 '곤혹스럽다'의 형식으로 쓰임.

◎ ISTP – 내향형, 감각형, 사고형, 인식형– 장인(The Virtuoso) 유형

單刀直入 단 도 직 입	짧을 **단**, 칼 **도**, 곧을 **직**, 들 **입** [의미] 여러 말을 늘어놓지 아니하고 바로 요점이나 본 문제를 중심적으로 말함.

ISTP

성격 유형은 흔히 '현실주의자', '개인주의자', '호기심 많은 장인' 등으로 불립니다. 이 유형의 사람들은 문제 해결 능력이 뛰어나고 실용적이며, 실제적인 방식으로 세상을 탐구하는 유형으로 알려져 있습니다.

ISTP를 대표할 수 있는 한자성어는 '單刀直入(단도직입)'입니다. 추상적인 이론보다 실제로 적용 가능한 방식으로 세상을 보며 즉각적인 행동력을 중시한다는 점에서 그렇습니다. 손재주가 있고 문제 해결 능력이 뛰어나며 매우 현실적이라는 점에서는 '實事求是(실사구시)'도 이 유형에 맞는 한자성어입니다.

또한 이 유형은 탐구심과 모험 정신이 뛰어나 새로운 경험을 추구하며, 특히 손으로 직접 무언가를 만들거나 실험하는 것을 즐깁니다. 모험심이 강해 위험이 따르는 상황이나 도전적인 활동에도 끌리며, 이를 통해 새로운 것들을 배워 나가는 것을 좋아한다는 점에서는 '斬釘截鐵(참정절철)'이라는 성어와도 어울립니다. '못을 부러뜨리고 쇠를 자른다'는 뜻입니다.

다만, 개인주의적 성향이 매우 강하고 혼자 일하는 것을 편히 여긴다는 점에서 자칫 '獨不將軍(독불장군)'에 빠지지 않도록 유의해야 합니다.

우정에 관련된 한자성어

명심보감에는 "欲知其人(욕지기인)이어든 視其友(시기우)하라."라는 말이 나옵니다. 그 사람을 알고 싶으면 그 사람의 친구를 보라는 뜻입니다. 그래서 연암 박지원은 '친구는 제2의 나'라고 말했습니다. 옛사람들은 어떤 자세로 벗을 사귀었는지 성어를 통해 알아보고, 지금 내 곁에 있는 벗은 내게 어떤 존재인지, 나는 벗에게 어떤 존재인지 돌아봅시다.

朋友有信
봉 우 유 신

| 벗 **붕**, 벗 **우**, 있을 **유**, 믿을 **신**

[겉뜻] 벗과 벗 사이의 도리는 믿음에 있음.
[속뜻] 오륜(五倫)의 하나.

※五倫(오륜): 父子有親(부자유친), 君臣有義(군신유의), 夫婦有別(부부유별), 長幼有序(장유유서), 朋友有信(붕우유신)

※'朋'과 '友'는 둘 다 '벗'이라는 뜻이지만, 보통 같은 스승 밑에서 배운 벗을 '朋'이라고 하고, 같은 뜻을 가진 벗을 '友'라고 하기도 한다.

交友以信
교 우 이 신

| 사귈 **교**, 벗 **우**, 써 **이**, 믿을 **신**

[겉뜻] 벗을 사귐에 믿음으로써 함.
[속뜻] 원광법사의 세속오계(世俗五戒) 중 하나.

※世俗五戒(세속오계): 事君以忠(사군이충), 事親以孝(사친이효), 交友以信(교우이신), 臨戰無退(임전무퇴), 殺生有擇(살생유택)

※'세속오계'는 신라 진평왕 때 원광법사가 화랑들이 지켜야 할 다섯 가지 계율을 정한 것을 말한다.

伯牙絕絃	맏 **백**, 어금니 **아**, 끊을 **절**, 줄 **현**
백 아 절 현	[겉뜻] 백아가 거문고 줄을 끊음. [속뜻] 자기를 알아주는 참다운 벗의 죽음을 슬퍼함.

백아는 자신의 음악을 넘어 자신의 마음까지 가장 잘 알아주는 종자기가 죽자 목숨처럼 아끼던 거문고의 줄을 끊고 다시는 거문고 연주를 하지 않았다고 한다. 여기서 친한 벗의 죽음을 가리키는 '伯牙絕絃'이라는 성어가 나왔다.

※伯仲叔季(백중숙계): 4형제의 순서를 가리킨다. 伯은 맏이, 仲은 둘째, 叔은 셋째, 季는 넷째를 각각 가리킨다. 伯牙(백아)나 伯夷(백이)처럼 이름자에 '伯'이 들어가면 첫째이다. 율곡 이이는 셋째 아들이기 때문에 '叔'이 들어가서 자(字)가 叔獻(숙헌)이다.

知己之友	알 **지**, 몸/자기 **기**, 갈/~한 **지**, 벗 **우**
지 기 지 우	[겉뜻] 나를 아는 벗. [속뜻] 나의 속마음을 알아주는 벗.

※'知己之友'를 줄여서 그냥 '知己'라고도 부른다.

管鮑之交	대롱 **관**, 절인고기 **포**, 갈/~의 **지**, 사귈 **교**
관 포 지 교	[겉뜻] 관중과 포숙의 사귐. [속뜻] 우정이 아주 돈독한 친구 관계.

관중과 포숙은 어릴 때부터 친구인데, 자라서는 각각 제나라의 두 왕자인 규와 소백을 섬겼다. 소백이 규를 제압하고 임금(제환공)이 되었으며 관중은 포로가 되었다. 포숙은 관중을 제환공에게 추천하여 결국 제환공이 관중의 힘으로 천하의 패자(霸者)가 되었다. 후에 관중은 포숙을 회상하며, 사람들이 자신을 욕심 많고 비겁하며 무능하다고 해도 포숙만은 자신을 변호해 주었다면서 이야기 끝에 다음과 같이 말했다. "나를 낳아준 것은 부모이지만 나를 알아준 것은 포숙이다."

竹馬故友
죽 마 고 우

대 **죽**, 말 **마**, 옛 **고**, 벗 **우**

[겉뜻] 대나무 말을 타고 놀던 옛 친구.
[속뜻] 어릴 때부터 함께 놀던 친구.

동진(東晉)의 장수 환온(桓溫)은 '斷腸(단장)'의 고사로도 유명한 인물이다. 그런데 환온의 세력이 날로 커지자 불안을 느낀 임금은 환온의 어릴 적 친구인 은호를 이용하여 환온을 견제하고자 했다. 임금은 은호를 총대장으로 임명하고 많은 군사를 주어 싸움에 내보냈다. 그러나 전쟁에 익숙하지 않았던 은호는 대군을 이끌고도 대패하였고 그 벌로 귀양을 갔다.

환온이 옛정을 생각하여 은호에게 안부편지를 보내자 은호는 친구의 덕으로 풀려날 것을 기대하며 기뻐서 답장을 썼는데 실수로 겉봉투만 보내고 말았다. 환온은 그 무례함에 화가 나서 이렇게 말했다. "은호는 어렸을 때 나와 함께 대나무 말을 타고 놀던 친구였다. 그런데 내가 타던 대나무 말을 집어던지면 그는 언제나 그것을 주워서 탔다. 그가 내 아래 있는 것은 당연하다." 그리고는 은호를 끝내 용서하지 않았고 은호는 유배지에서 죽고 말았다.

莫逆之友
막 역 지 우

없을 **막**, 거스를 **역**, 갈/~한 **지**, 벗 **우**

[겉뜻] 서로 거스름이 없는 친구.
[속뜻] 허물없이 아주 친한 친구.

《장자》에 보면 자사, 자여, 자리, 자래 등의 이름을 가진 네 사람이 등장한다. 그들이 둘러앉아 고담(高談)을 주고받다가 말했다. "누가 능히 無(무)를 머리로 삼고, 生(생)을 등으로 삼고, 死(사)를 꽁무니로 삼을 수 있을까? 누가 生死存亡(생사존망)이 하나라는 것을 알까?" 네 사람이 서로 바라보며 웃었는데, 마음에 거슬림이 없어 마침내 서로 더불어 친구가 되었다. 서로 마음이 통하여 거슬림이 없는 친구를 가리키는 '莫逆之友'는 여기서 유래했다.

忘年之友
망 년 지 우

잊을 **망**, 해/나이 **년**, 갈/~한 **지**, 벗 **우**

[겉뜻] 나이를 잊은 벗.
[속뜻] 나이에 거리끼지 않고 허물없이 사귄 벗.

※조선시대에는 上八下八(상팔하팔)이라 하여 위로 8살, 아래로 8살까지를 친구로 사귀었다고 한다. 나이를 철저히 따졌던 시대이지만 서로 뜻이 맞는다면 굳이 나이를 따지지 않고 친구로 삼았던 것이다.

貧賤之交
빈 천 지 교

가난할 **빈**, 천할 **천**, 갈/~의 **지**, 사귈 **교**

[의미] 가난하고 천할 때 사귄 사이.

※'貧賤之交'와 속뜻이 비슷한 성어로 '布衣之交(포의지교)'가 있다. 이는 '베옷을 입고 다닐 때의 사귐'이라는 뜻으로, 선비가 벼슬을 하기 이전에 사귄 교우 관계를 말한다.

水魚之交
수 어 지 교

물 **수**, 물고기 **어**, 갈/~의 **지**, 사귈 **교**

[겉뜻] 물과 물고기의 사귐.
[속뜻] 아주 친밀하여 떨어질 수 없는 사이.

유비는 제갈량을 매우 존경하였으며, 제갈량 또한 유비의 두터운 대우에 충성을 다했다. 두 사람의 정은 날이 갈수록 깊어졌다. 그러자 유비와 의형제를 맺은 관우와 장비는 제갈량에 대한 유비의 태도가 지나치다며 종종 불평했다. 하루는 유비가 다음과 같이 말했다. "내가 제갈량을 얻게 된 것은 물고기가 물을 얻은 것과 같다네. 자네들은 더 이상 말을 하지 말도록 하게." 그러자 관우와 장비가 불평을 그쳤다.

魚水之親 어 수 지 친	물고기 **어**, 물 **수**, 갈/~의 **지**, 친할 **친**
	[겉뜻] 물고기와 물처럼 친한 사이. [속뜻] 임금과 신하의 친밀한 사이. 또는 서로 사랑하는 부부 사이.

※ '魚水之親'은 '水魚之交'와 뜻이 동일한 성어이다.

刎頸之交 문 경 지 교	목찌를 **문**, 목 **경**, 갈/~한 **지**, 사귈 **교**
	[겉뜻] 목을 자르게 내놓을 수 있는 사귐. [속뜻] 생사를 같이할 수 있는 아주 가까운 친구.

인상여는 본래 출신이 미미했으나 국보인 화씨벽(和氏璧)을 완벽(完璧)하게 지켜낸 공으로 조나라 혜문왕의 신임을 받았다. 진나라 소왕이 혜문왕을 초청하여 해치려고 할 때 인상여가 또 다시 왕을 위기에서 구해냈다. 그러자 혜문왕은 인상여를 상경(上卿)이라는 높은 자리에 임명하였다.

조나라의 명장인 염파는 수많은 전투에서 공을 세운 장군인데 천한 인상여가 자신보다 높은 자리에 올라간 것을 참을 수 없었다. 그는 인상여를 만나면 모욕을 주겠다고 벼르고 있었다. 그 사실을 안 인상여는 염파를 피했다. 그러자 염파는 인상여를 비겁하다고 욕하였고, 심지어 인상여의 수하들도 인상여를 부끄럽게 여겼다.

인상여가 말했다. "강한 진나라가 우리나라를 넘보지 못하는 것은 나와 염파 장군이 버티고 있기 때문이다. 그런데 지금 두 호랑이가 싸운다면 둘 다 무사할 수 없을 것이다. 진나라 왕도 두려워하지 않은 내가 염파 장군이 두려워서 이러겠는가? 나는 개인적인 원한보다 나라의 어려움을 앞세우는 것이다." 이 말을 전해 들은 염파는 웃옷을 벗고 가시나무 회초리를 등에 지고 인상여의 집 문 앞에 이르러 사죄했다. "비천한 사람이 공께서 이토록 관대한 줄 알지 못했 소." 드디어 두 사람은 목을 내놓더라도 변하지 않을 문경지교를 맺었다.

肝膽相照 간 담 상 조	간 **간**, 쓸개 **담**, 서로 **상**, 비출 **조**
	[겉뜻] 간과 쓸개를 서로 비추어 보임.
	[속뜻] 서로 속마음을 털어놓고 친하게 사귐.

　당나라 때 유종원과 유우석은 절친이었다. 유우석이 먼 지방에 임명이 되고 유종원이 가까운 곳에 가게 되자 유종원은 죄를 무릅쓰고 황제에게 서로 임지를 바꿔 주기를 간청했다. 유우석의 노모가 80이나 되었기 때문이었다. 한유는 이 일을 칭찬하면서 다음과 같이 말했다. "요즘 사람들은 평시에 함께 지내면서 서로 그리워하고 좋아하며, 술자리나 잔치 자리에 서로 불러가며 억지웃음을 짓고 서로 겸손을 떤다. 또한 손을 잡고 폐와 간을 서로 보여주며, 하늘의 해를 가리키고 눈물을 흘려가며 죽으나 사나 서로 배반하지 말자고, 마치 진실인 양 맹세를 한다. 하지만 일단 터럭만큼의 이해관계만 얽혀도 서로 모르는 체 반목을 하고, 함정에 떨어지면 손을 뻗어 구해주기는커녕, 오히려 구덩이 속에 더 밀어 넣고 돌까지 던지는 사람이 이 세상에는 널려 있다."

※ '肝膽相照'는 본래 자신의 이익에 따라서 간과 쓸개도 빼 줄 듯 친하게 지내다가, 손해를 볼 것 같으면 매정하게 배반하는 세태를 비판하는 뜻으로 쓰였다. 그러나 사전적으로는 서로 속마음을 털어놓고 친하게 사귄다는 뜻이다.

以文會友 이 문 회 우	써 **이**, 글월 **문**, 모일 **회**, 벗 **우**
	[의미] 글로써 벗을 모음.

以友輔仁 이 우 보 인	써 **이**, 벗 **우**, 도울 **보**, 어질 **인**
	[의미] 벗으로써 (나의 부족한) 인을 메움.

◎ 산수갑산(X) – 삼수갑산(O)

우리 동네 고깃집 이름이 '산수갑산'이었습니다. 사장님에게 '산수갑산'이 맞아요, '삼수갑산'이 맞아요, 물었더니 모르겠답니다. '삼수갑산'으로 바로잡아주었습니다. 다음번에 갔더니 간판이 '삼수갑산'으로 바뀌어 있었습니다.

三水甲山
삼 수 갑 산

셋 **삼**, 물 **수**, 갑옷 **갑**, 뫼 **산**

[의미] 우리나라에서 가장 험한 산골이라 이르던 삼수와 갑산. 조선 시대에 귀양지의 하나였다.

◎ '十年知己(십년지기)'의 오해와 진실

'十年知己'를 흔히 '10년간 사귄 친구'로 알고 있는 경우가 많습니다. 여기서 '十年'은 오래되었다는 의미이지 꼭 10년을 의미하는 것은 아닙니다. 국어사전에도 '十年知己'의 뜻이 "오래전부터 친히 사귀어 잘 아는 사람."이라고 나옵니다.

◎ ISFP – 내향형, 감각형, 감정형, 인식형 – 예술가(The Adventurer) 유형

安分知足	편안할 **안**, 나눌/분수 **분**, 알 **지**, 발/족할 **족**
안 분 지 족	[의미] 편안한 마음으로 제 분수를 지키며 만족할 줄을 앎.

ISFP 성격 유형은 흔히 '감각적인 예술가', 또는 '호기심 많은 예술가'로 불립니다. 이 유형의 사람들은 겸손하고 온화하며 개방적인 성향을 지녔으며, 감각적이고 감정적인 경험을 중시하는 경향이 있습니다.

ISFP를 대표할 수 있는 한자성어는 '安分知足(안분지족)'입니다. 미래에 대한 계획보다는 현재의 순간을 즐기는 성향이 강하며, 욕심을 부리기보다 현실에 만족하는 자세를 지니고 있습니다.

내향적인 성격이지만 높은 공감 능력을 지니고 있으며 다른 사람을 잘 배려하고 이해한다는 점에서 '易地思之(역지사지)'의 정신을 잘 갖춘 유형이기도 합니다. 외적으로는 차분하고 조용하지만, 내면에는 따뜻하고 친절한 마음을 지닌 점에서는 '外柔內剛(외유내강)'형에도 가깝습니다.

현재에 집중하고 즉흥적인 삶을 선호하며, 자유롭게 행동하는 것을 추구하면서 그때그때의 기분과 상황에 맞춰 유연하게 대처한다는 면에서는 '臨機應變(임기응변)'에도 능하다고 할 수 있겠네요.

또한 자유로운 삶과 자율성을 추구하는 점에서는 '悠悠自適(유유자적)'이라는 성어와도 어울리는 성격 유형입니다.

나이와 관련된 한자성어

한때 '나이는 숫자에 불과하다'라는 광고 카피가 유행한 적이 있습니다. 과연 그럴까요? 그럴 수도 있고 아닐 수도 있습니다. 나이가 무색하게 왕성하게 활동하고 '나잇값'을 하고 사는 사람들에게는 나이가 정말 숫자에 불과할 수도 있습니다. 지금 내 나이는 어디쯤인지, 이 나이쯤에 옛사람들은 무엇을 했는지 알아보는 일도 재미있습니다.

◎ 나이를 나타내는 단어

年齡(연령)	해/나이 년, 나이 령	일반적인 '나이'를 가리키는 말.
星霜(성상)	별 성, 서리 상	별은 일 년에 한 바퀴를 돌고 서리는 해마다 내리므로 1년을 가리킴.
年歲(연세)	해/나이 년, 해/나이 세	보통 어른의 나이를 높여 부르는 말.

◎ 생애 주기에 따른 나이의 표현

嬰兒(영아)	갓난아이 영, 아이 아	갓난아이. 젖먹이.
幼兒(유아)	어릴 유, 아이 아	어린아이. 보통 1세~6세.
兒童(아동)	아이 아, 아이 동	나이가 적은 아이. 보통 유치원~사춘기 이전.
幼年(유년)	어릴 유, 해/나이 년	어린 나이 때.
少年(소년)	적을/젊을 소, 해/나이 년	젊은 나이. 아직 성숙하지 않은 사내아이. 〈법〉 19세 미만인 사람.
靑年(청년)	푸를 청, 해/나이 년	보통 20대~30대.

壯年(장년)	씩씩할 **장**, 해/나이 **년**	30대~40대.
中年(중년)	가운데 **중**, 해/나이 **년**	40대~50대.
老年(노년)	늙을 **로/노**, 해/나이 **년**	늙은 나이. 〈법〉 65세 이상인 사람.

※ 그러나 생애 주기에 맞는 나이는 딱 잘라 말하기 어렵다.(시대나 나라, 사회 통념, 개인의 생각 등 참으로 다양한 변수가 작용한다.)

◎ **나이의 별명**

弱冠 약 관	약할 **약**, 갓 **관**
	남자 나이 20세. 예전에 남자 나이 20세를 '弱'이라고 불렀는데, 이때 관례(冠禮)를 행하기 때문에 '弱冠'이라는 말이 나옴.
桑壽 상 수	뽕나무 **상**, 목숨/나이 **수**
	48세. '桑'은 '桒'으로도 쓴다. 이 글자를 쪼개면 十이 4개에 八이 결합된 모양이다. 그래서 합하여 48이 된다.
回甲 회 갑	돌아올 **회**, 갑옷/첫째천간 **갑**
	61세(만 60세) = 還甲(환갑). 자신이 태어난 간지(干支)가 다시 돌아왔다는 뜻.
古稀 고 희	옛 **고**, 드물 **희**
	70세. 두보의 한시 '곡강(曲江)'에 "人生七十古來稀(인생칠십고래희)"라는 구절에서 나옴.
喜壽 희 수	기쁠 **희**, 목숨/나이 **수**
	77세. '喜'자를 초서(草書)로 쓰면 '七十七'을 세로로 이어서 쓴 것과 같은 모양인 데에서 77세를 뜻함.
望九 망 구	바랄 **망**, 아홉 **구**
	81세. 90을 바라보는 나이가 시작되는 81세를 뜻함. 이와 같이 71세는 '望八', 61세는 '望七'이라고도 함.

米壽 미 수	쌀 **미**, 목숨/나이 **수**
	88세. '米'를 쪼개면 차례로 '八, 十, 八'이 됨.
卒壽 졸 수	마칠 **졸**, 목숨/나이 **수**
	90세. '卒'을 초서(草書)로 쓰면 九十을 세로로 이어서 쓴 것과 같은 모양인 데에서 90세를 뜻함.
望百 망 백	바랄 **망**, 일백 **백**
	91세. 백살을 바라보는 나이라는 뜻.
白壽 백 수	흰 **백**, 목숨/나이 **수**
	99세. 百에서 一을 빼면 白이 되므로, 100세에서 1세가 모자란 99세를 뜻함.
上壽 상 수	위 **상**, 목숨/나이 **수**
	100세. 120세로 보는 견해도 있음. 예전에 인간이 누릴 수 있는 최고의 수명을 뜻함.

• 공자의 나이 계산법

나이와 별명	의미
15세 – 志學(지학)	열 다섯에 학문에 뜻을 두다.
30세 – 而立(이립)	서른에 자립하다.
40세 – 不惑(불혹)	마흔에 미혹되지 않다.
50세 – 知天命(지천명)	쉰에 천명을 알다.
60세 – 耳順(이순)	예순에 귀가 트이다.
70세 – 從心(종심)	일흔에는 마음이 하고자 하는 대로 해도 법도에서 벗어나지 않다.

◎ 나이와 관련된 한자성어

破瓜之年
파 과 지 년

깨뜨릴 **파**, 오이 **과**, 갈/~한 **지**, 해/나이 **년**

[겉뜻] '瓜' 자를 쪼갠 나이.
[속뜻] 여자 나이 16세. 또는, 남자 나이 64세.

※'瓜'자를 쪼개면 '八'이 둘 나오는데, 여자는 둘을 더하여 16이 되고, 남자는 곱하여 64가 된 다고 함.

二八靑春
이 팔 청 춘

둘 **이**, 여덟 **팔**, 푸를 **청**, 봄 **춘**

[의미] 16세 무렵의 꽃다운 청춘. 또는 혈기 왕성한 젊은 시절.

※한문에서 두 개의 숫자가 겹쳐질 때는 간혹 두 숫자의 곱을 가리킬 때가 있다. '二八'은 '2×8=16' 이라는 뜻이다.

※花樣年華(화양연화)라는 영화가 있었다. '꽃처럼 아름다운 시절'이라는 의미이다. '지나간 전 성기'를 일컫는 'Leeds 時節(리즈 시절)'이라는 말도 이와 비슷한 의미이다. 영국 프로 축구의 공격수인 앨런스미스는 원래 '리즈유나이티드' 선수였는데 후에 '맨체스터유나이티드(맨유)' 로 이적했다. 그러나 맨유에 와서 크게 빛을 보지 못하자 '리즈 시절이 더 나았다.'라고 평가 한 데에서 나온 말이라고 한다.

强壯之年
강 장 지 년

강할 **강**, 씩씩할 **장**, 갈/~한 **지**, 해/나이 **년**

[겉뜻] 30대, 40대의 나이.
[속뜻] 몸이 튼튼하고 힘이 왕성한 나이를 이르는 말.

※《예기》에 보면 30세를 '壯'이라 하고 40세를 '强'이라 했다.

二毛之年
이 모 지 년

둘 **이**, 털 **모**, 갈/~의 **지**, 해/나이 **년**

[겉뜻] 두 가지의 머리털이 나는 나이.
[속뜻] 흰 머리털이 나기 시작하는 나이라는 뜻으로, 32세를 이르는 말.

진나라의 시인 반악이 "나는 나이 32세에 두 가지 머리털이 보이기 시작했다.[余春秋三十有二 始見二毛]"라고 한 데에서 유래되었다.

白髮紅顏
백 발 홍 안

흰 **백**, 머리털 **발**, 붉을 **홍**, 얼굴 **안**

[겉뜻] 머리털은 허옇게 세었으나 얼굴은 소년처럼 붉다.
[속뜻] 나이는 많은데 매우 젊어 보이는 사람.

老少不定
노 소 부 정

늙을 **로/노**, 적을/젊을 **소**, 아니 **부**, 정할 **정**

[겉뜻] 늙은이와 젊은이가 (수명이) 정해져 있지는 않다.
[속뜻] 늙은이가 꼭 먼저 죽는 것만은 아님.

少年登科
소 년 등 과

적을/젊을 **소**, 해/나이 **년**, 오를 **등**, 과목/과거 **과**

[의미] 젊은 나이에 과거에 급제함.

※인생의 세 가지 불행: 송나라의 유학자인 정이천(程伊川) 선생이 이르기를 "사람에게 세 가지 불행한 일이 있으니, 소년으로 장원급제하는 것이 첫 번째 불행한 일이요, 부형의 세력을 힘입어 좋은 벼슬에 오르는 것이 두 번째 불행한 일이요, 높은 재주가 있어 문장을 잘하는 것이 세 번째 불행한 일이다."라고 한 데서 온 말이다.

萬壽無疆 만 수 무 강	일만 **만**, 목숨/나이 **수**, 없을 **무**, 지경 **강**
	[겉뜻] 천년만년 수명이 끝이 없음. [속뜻] 아무런 탈 없이 아주 오래 삶.

※五福(오복): 수(壽), 부(富), 강녕(康寧), 유호덕(攸好德), 고종명(考終命). 《서경》에 나오는 말로, '장수, 부유함, 편안한 삶, 덕을 좋아하여 즐겨 행함, 제명대로 살다가 편안히 죽음' 등이다.

大器晚成 대 기 만 성	큰 **대**, 그릇 **기**, 늦을 **만**, 이룰 **성**
	[겉뜻] 큰 그릇은 늦게 완성됨. [속뜻] 크게 될 사람은 늦게 이루어짐.

후한 때의 장수 마원(馬援)이 젊은 시절 처음 변방의 관리가 되어 형 마황(馬況)을 찾아가자 마황이 마원을 이렇게 격려했다. "너는 큰 재목이라 더디게 이루어질 것이다." 여기서 나온 고사성어가 '大器晚成'이다.

老當益壯 노 당 익 장	늙을 **로/노**, 마땅 **당**, 더할 **익**, 씩씩할 **장**
	[겉뜻] 늙을수록 마땅히 더욱 씩씩해야 함. [속뜻] 늙었지만 의욕이나 기력은 점점 좋아짐.

오랑캐를 정벌하기 위해 떠난 한나라 군사들이 완패하고 돌아왔다. 그러자 62세의 마원이 군사를 이끌고 전쟁터로 가겠다고 자원했다. 임금이 망설이자 마원은 "신이 비록 늙었으나 아직 갑옷을 입고 말을 탈 수 있습니다." 하고는 말 위에 뛰어올라 사방을 둘러보았다. 그제야 임금이 그의 출전을 허락했다.

본래는 "대장부가 뜻을 품었으면 궁해질수록 더욱 굳세고 늙을수록 더욱 씩씩해져야 한다.[丈夫爲志, 窮當益堅, 老當益壯]"는 말에서 나왔다. 줄여서 '老益壯(노익장)'이라고도 한다.

당신의 문해력 文解力은?

◎ 전전반칙(X) – 전전반측(O)

'전전반측'을 '전전반칙'으로 잘못 쓰는 경우가 많습니다. 우선은 '반칙'이
라는 단어가 익숙한 데다가 '側(측)' 자도 '則(칙)' 자와 모양이 매우 유사하여
음이 같은 줄 아는 데서 오는 오해입니다. '전전반측'이 맞습니다.

輾轉反側	구를 전, 구를 전, 돌이킬 반, 곁 측
전 전 반 측	[의미] 누워서 몸을 이리저리 뒤척이며 잠을 이루지 못함.

◎ 뇌졸증(X) – 뇌졸중(O)

갑작스러운 손발의 마비, 언어 장애, 호흡 곤란 따위를 일으키는 증상을 흔
히 '뇌졸증'이라고 부르는데, 이는 오류입니다. 하나의 증상이기 때문에 '증'
이 들어갈 것 같지만, 이때는 '중'이 들어가는 '뇌졸중'이 맞습니다. '졸중(卒中)'
이라는 말 자체가 중풍(中風)을 의미하는 의학 용어입니다. 그래서 '뇌졸중'을
'뇌중풍'으로도 부릅니다.

腦卒中	뇌 뇌, 마칠 졸, 가운데 중
뇌 졸 중	[의미] 뇌에 혈액 공급이 제대로 되지 않아 손발의 마비, 언어 장애, 호흡 곤란 따위를 일으키는 증상.

◎ **INFP – 내향형, 직관형, 감정형, 인식형 – 중재자**(The Mediator) **유형**

悠悠自適 유 유 자 적	멀 유, 멀 유, 스스로 자, 알맞을 적
	[의미] 속세를 떠나 아무 속박 없이 조용하고 편안하게 삶.

INFP
성격 유형은 흔히 '열정적인 중재자'로 불립니다. 이 유형의 사람들은 이상주의적이고 낭만적으로 보이지만 깊이 있는 감정을 지닌 성향으로, 내면의 가치와 신념에 따라 삶을 살아가는 유형으로 알려져 있습니다.

INFP를 대표할 수 있는 한자성어는 '悠悠自適(유유자적)'입니다. 세속적인 이익의 추구보다 자신이 하는 일에 보람을 느끼고자 합니다. 불화나 갈등을 싫어하며 조화롭고 평화로운 관계를 추구합니다.

상상력과 창의력이 뛰어나 문학이나 예술 방면에서 잠재력을 발휘한다는 점에서는 '奇想天外(기상천외)'와도 어울리는 유형입니다. 또한 내성적이고 사색적인 성향으로 자신의 감정과 경험을 내면적으로 반추하며, 이를 통해 성장을 추구한다는 면에서 '自己省察(자기성찰)'이나 '自我實現(자아실현)' 형으로 볼 수도 있습니다.

역사적 사건과 인물에 관련된 한자성어

우리가 사용하는 고사성어 가운데 상당수가 춘추전국시대에 나왔습니다. 그 시대에는 수많은 나라가 치열한 전쟁을 치렀고, 그 속에서 수많은 사람들이 활약했습니다. 우리가 흔히 아는 공자, 노자, 맹자, 순자, 장자 등이 모두 그 시대 사람들입니다. 이후에 한나라의 유방과 초나라의 항우가 천하를 놓고 한판 승부를 겨룬 역사를 다룬 초한지와, 위·촉·오 세 나라의 흥망성쇠를 다룬 삼국지도 고사성어의 보고(寶庫: 보물창고)입니다. 역사 속 고사성어의 세계로 떠나봅니다.

◎ 춘추시대(春秋時代 BC.770-BC.403(476)) 고사성어

臥薪嘗膽 와 신 상 담	누울 와, 섶 신, 맛볼 상, 쓸개 담
	[겉뜻] 섶에 몸을 눕히고 쓸개를 맛본다. [속뜻] 원수를 갚거나 마음먹은 일을 이루기 위하여 온갖 어려움과 괴로움을 참고 견딤.

오나라 왕 합려는 월나라 왕 구천의 독화살을 맞고 죽으며 아들인 부차에게 원수를 갚으라고 유언했다. 부차는 부친의 복수를 위해 아침저녁으로 섶에 누워 출입할 때마다 사람들을 시켜 외치게 했다. "부차야, 너는 월나라 사람들이 너의 아버지를 죽인 것을 잊었느냐?" 2년 후 부차는 월나라의 수도인 회계를 함락하고 회계산에서 구천의 항복을 받아냈다.

구천은 오나라에 가서 3년 동안 부차의 마구간에서 말을 먹이는 일을 했으며, 부차가 병이 들자 부차의 변까지 맛보아 가면서 몸소 간호하기도 했다. 마음 약한 부차는 구천을 석방했다. 구천은 월나라로 돌아와 자리에다 쓸개를 매달아 놓고 누울 때마다 쓸개를 맛보며 말했다. "너는 회계의 치욕을 잊었는가?" 그 이후 10년 동안 힘을 길러 끝내 오나라를 이기고 춘추시대의 다섯 번째 패왕이 되었다.

吳越同舟	오나라 **오**, 넘을/월나라 **월**, 한가지 **동**, 배 **주**
오 월 동 주	**[겉뜻]** 오나라 사람과 월나라 사람이 같은 배를 탐.
	[속뜻] 서로 적의를 품은 사람들이 한자리에 있게 된 경우나 서로 협력하여야 하는 상황.

脣亡齒寒	입술 **순**, 망할 **망**, 이 **치**, 찰 **한**
순 망 치 한	**[겉뜻]** 입술이 없으면 이가 시림.
	[속뜻] 서로 이해관계가 밀접한 사이에 어느 한쪽이 망하면 다른 한쪽도 그 영향을 받아 온전하기 어려움.

진나라가 괵나라를 치기 위해 우나라에게 길을 빌려달라고 하자 궁지기라는 신하가 우나라 임금에게 간했다. "괵나라는 우나라의 보호벽입니다. 괵나라가 망하면 우나라도 함께 망하게 됩니다. 속담에 '입술이 없어지면 이가 시리다.'고 했는데, 바로 괵과 우의 관계를 말한 것입니다."

日暮途遠	날 **일**, 저물 **모**, 길 **도**, 멀 **원**
일 모 도 원	**[겉뜻]** 날은 저물고 길은 멀다.
	[속뜻] 늙고 쇠약한데 앞으로 해야 할 일은 많음.

오자서의 집안은 원래 6대에 걸쳐 초나라에 충성을 바친 가문이었다. 오자서의 아버지는 초나라 평왕의 충신이었는데 간신의 참소로 장남과 함께 사형을 당했다. 오자서는 복수를 다짐하며 오나라로 도망가서 합려를 섬겨 그를 패왕으로 만들었다. 초나라와의 전쟁에서 승리한 오자서는 평왕에게 복수를 하려 했으나 이미 평왕은 죽은 뒤였다. 그는 평왕의 무덤을 파헤치고 시체를 꺼내 300번이나 매질을 했다. 산중으로 피난 갔던 초나라의 대부 신포서가 사람을 보내 오자서에게 너무 심하다고 나무라자, 오자서는 "해는 지고 길은 멀어 도리에 맞지 않는 일을 할 수밖에 없었다."라고 대답했다.

狐假虎威
호 가 호 위

여우 호, 거짓/빌릴 가, 호랑이 호, 위엄 위

[겉뜻] 여우가 호랑이의 위엄을 빌림.
[속뜻] 남의 권세를 빌려 위세를 부림.

호랑이가 여우를 잡아먹으려고 하자 여우가 꾀를 냈다. 하느님이 자신을 동물들의 왕으로 임명했다며 자신을 보면 동물들이 다 도망칠 것이라고 큰소리를 쳤다. 호랑이가 여우를 뒤따라가다 보니 과연 동물들이 그 모습을 보고 모두 도망쳤다. 호랑이는 동물들이 자신을 보고 도망친 줄 모르고 여우가 무서워 도망쳤다고 여기고 여우를 놓아주었다. 여우가 호랑이의 위엄을 빌려서 위세를 떤 것이다.

囊中之錐
낭 중 지 추

주머니 낭, 가운데 중, 갈/~의 지, 송곳 추

[겉뜻] 주머니 속의 송곳.
[속뜻] 재능이 뛰어난 사람은 숨어 있어도 남의 눈에 드러난다는 뜻.

진(秦)나라의 공격을 받은 조나라 혜문왕은 평원군을 초나라에 보내어 구원군을 청하기로 했다. 평원군은 3,000명이나 되는 식객(食客)을 거느리고 있었는데 20명의 수행원 가운데 한 사람이 부족했다. 그때 모수라는 식객이 스스로를 추천하고 나섰다. 평원군이 말했다. "주머니 속에 송곳[囊中之錐]을 넣으면 끝이 밖으로 나오듯이 재능있는 사람은 남의 눈에 드러나는데, 그대는 내 집에 온 지 3년이나 되었지만 한 번도 드러난 적이 없다." 모수가 말했다. "그것은 저를 한 번도 주머니 속에 넣어 주지 않았기 때문입니다. 이번에 주머니 속에 넣어 주시면 송곳 끝이 아니라 송곳 자루까지 드러날 것입니다." 평원군은 모수의 활약으로 임무를 무사히 마칠 수 있었다.

※'囊中之錐'는 '모수가 스스로를 추천했다'는 뜻을 지닌 '毛遂自薦(모수자천)'과 함께 쓰는 고사성어이다.

亡羊補牢	망할/잃을 **망**, 양 **양**, 기울 **보**, 우리 **뢰**
망 양 보 뢰	[겉뜻] 양을 잃고 우리를 고침.
	[속뜻] 이미 어떤 일을 실패한 뒤에 뉘우쳐도 아무 소용이 없음.

초나라의 양왕이 주색에 빠져 정사를 돌보지 않자 국세가 날로 쇠약해져 갔다. 장신이라는 신하가 여러 차례 간언했지만 양왕은 듣지 않고 오히려 장신을 꾸짖었다. 장신은 조나라를 떠나 몸을 피신했다. 얼마 후 진나라가 초나라를 침공했다. 도성까지 버리고 도망한 양왕은 그제야 장신의 충고가 옳았다는 것을 깨닫고 그를 불러들여 대책을 물었다. 그러자 장신이 대답했다. "속담에 '토끼를 발견하고 나서 사냥개를 돌아봐도 늦지 않고, 양을 잃은 후에 우리를 고쳐도 늦지 않다.'고 했습니다. 옛날에 탕왕과 무왕은 백 리의 땅에서 나라를 일으켰고, 걸왕과 주왕은 천하를 가지고도 멸망했습니다. 지금 초나라가 비록 작지만, 그래도 수천 리의 땅이 있으니 어찌 백 리의 땅과 비교할 수 있겠습니까?" 본래 '亡羊補牢'는 나중에라도 뉘우치고 바로잡으면 된다는 뜻이었는데, 후에 뜻이 변하여 뉘우쳐도 소용없다는 의미가 되었다.

孟母三遷	맏 **맹**, 어머니 **모**, 셋 **삼**, 옮길 **천**
맹 모 삼 천	[겉뜻] 맹자의 어머니가 세 번 이사함.
	[속뜻] 부모가 자식을 훌륭하게 가르치기 위해 노력하는 것. 또는 사람의 성장에서 환경이 중요하다는 것.

맹자가 어렸을 때 묘지 가까이 살았더니 어린 맹자가 매일 장사 지내는 흉내만 냈다. 이번에는 시장 근처로 이사를 했더니 맹자는 물건 파는 흉내만 냈다. 맹자 어머니가 다시 글방이 있는 곳으로 이사를 하자 맹자가 글공부를 열심히 했다.

※맹자 어머니와 관련된 고사성어로 '斷機之戒(단기지계)'도 유명하다.

焚書坑儒
분 서 갱 유

불사를 **분**, 책 **서**, 구덩이 **갱**, 선비 **유**

[겉뜻] 책을 불사르고 선비를 구덩이에 묻음.
[속뜻] 중국 진시황이 민간의 서적을 불사르고 유생을 구덩이에 묻어 죽인 일.

진시황은 천하를 통일하자 이전의 봉건제도를 폐지하고 군현제도(郡縣制度)를 채택했다. 유학자들이 이전 봉건제도를 옹호하자 학자들의 정치적 비판을 막기 위하여 민간의 책 가운데 의약과 농업, 점술에 관한 것 이외의 모든 서적을 불태워 버렸다. 이것을 가리켜 '焚書(분서)'라고 한다. 또한 자신을 비방한다는 이유로 수많은 유학자들을 산 채로 구덩이에 파묻어 죽였는데, 이 일을 가리켜 '갱유(坑儒)'라고 한다.

金城湯池
금 성 탕 지

쇠 **금**, 성 **성**, 끓을 **탕**, 못 **지**

[겉뜻] 쇠로 만든 성곽과 끓는 물로 채운 연못.
[속뜻] 방비가 아주 견고한 성.

진시황이 죽고 어리석은 2세 황제가 즉위하자 전국시대 6개국의 후예들이 군사를 일으켜 고을의 우두머리를 죽이고 관청을 점거했다. 그 무렵, 무신(武信)이라는 사람이 조나라의 옛땅을 평정하고 무신군이라 일컬었다. 이를 본 모사 괴통이 범양현령을 위해 무신군에게 이렇게 말했다. "만약 귀공(貴公)이 범양을 쳐서 항복을 받은 다음 그 현령을 푸대접한다면, 각지의 현령들이 '항복하면 범양 현령처럼 푸대접받는다.'며 더욱 방비를 강화하여 마치 '무쇠 성과 끓어오르는 연못[金城湯池]'처럼 철벽같은 수비로 귀공의 군사를 기다릴 것입니다. 그러면 공격이 쉽지 않을 것이니 지금 범양현령을 극진히 맞이하십시오. 그러면 다른 고을 현령들이 굳이 싸우지 않고 모두 기꺼이 항복할 것입니다."

指鹿爲馬
지 록 위 마

손가락/가리킬 **지**, 사슴 **록**, 할 **위**, 말 **마**

[겉뜻] 사슴을 가리켜 말이라 함.
[속뜻] 윗사람을 농락하여 권세를 마음대로 함.

진시황이 죽자 환관인 조고(趙高)는 거짓 조서를 꾸며 태자인 부소를 죽이고 어린 호해를 2세 황제로 세웠다. 조고는 어리석은 호해를 교묘히 조종하여 경쟁자인 승상 이사(李斯)를 비롯한 많은 신하들을 죽이고 스스로 승상이 되어 조정의 실권을 장악했다. 조고는 중신들 가운데 자기를 반대하는 사람을 가려내기 위해 호해에게 사슴을 바치며 "폐하, 이것은 말입니다."라고 했다. 아무리 어리석은 호해지만 말과 사슴을 구별하지 못할 리가 없었다. "사슴을 가리켜 말이라고 하다니[指鹿爲馬] 농담이죠?" 그러자 조고를 두려워하는 많은 신하들이 말이라고 대답하여 황제를 바보로 만들었다. 개중에 사슴이라고 바른말을 하는 신하들은 모두 조고에게 죽임을 당했다. 그런 일이 있은 후, 궁중에는 조고의 말에 반대하는 사람이 하나도 없었다고 한다.

破釜沈舟
파 부 침 주

깨뜨릴 **파**, 가마솥 **부**, 가라앉을 **침**, 배 **주**

[겉뜻] 솥을 깨뜨리고 배를 가라앉힘.
[속뜻] 살아 돌아갈 기약을 하지 않고 죽을 각오로 싸우겠다는 굳은 결의.

진시황 사후에 진나라는 급격히 쇠퇴하고 곳곳에서 영웅들이 일어났는데, 대표적인 인물이 초나라의 항우였다. 그는 진나라를 공격했는데 겨울이 되자 병사들은 추위와 굶주림에 지쳐만 갔다. 그러자 항우는 군대를 이끌고 황하를 건넌 다음 배를 모두 가라앉히고, 솥과 시루를 깨뜨리고, 막사를 불태우고, 사흘치 양식만 지니고 사졸들에게 죽음을 각오하고 싸우겠다는 의지를 보여 주었다. 결국 진나라 군대와 아홉 번 싸워 대승을 거둔 항우는 모든 제후의 으뜸이 되었다.

※'破釜沈舟'는 '背水陣(배수진)'과도 속뜻이 통하는 고사성어이다.

乾坤一擲 건 곤 일 척	하늘 **건**, 땅 **곤**, 한 **일**, 던질 **척**
	[겉뜻] 천하를 걸고 주사위를 한 번 던짐. [속뜻] 운명을 걸고 단판걸이로 승부를 겨룸.

口尙乳臭 구 상 유 취	입 **구**, 오히려 **상**, 젖 **유**, 냄새 **취**
	[겉뜻] 입에서 아직 젖내가 난다. [속뜻] 상대를 어린애로 얕잡아 보는 것.

처음에 유방 편이었던 위표가 유방을 배반하고 초나라와 화친을 맺자 유방은 몹시 분노하며 한신, 관영, 조참 등을 시켜 위표를 치려고 하면서 먼저 역이기를 불러 물었다. "위나라의 대장은 누구인가?" "백직이라는 자입니다." 유방은 가소롭다는 듯이 웃으며 이렇게 말했다. "이 자는 입에서 아직 젖내가 나니 한신을 당해 낼 수 없을 것이다."

錦衣夜行 금 의 야 행	비단 **금**, 옷 **의**, 밤 **야**, 다닐 **행**
	[겉뜻] 비단옷을 입고 밤에 돌아다님. [속뜻] 자랑삼아 하지 않으면 생색이 나지 않음.

진나라의 도읍 함양을 점령한 항우는 오랫동안 누벼온 싸움터를 벗어나 많은 재보와 미녀를 거두어 고향인 강동(江東)으로 돌아가고 싶어했다. 항우는 모신(謀臣) 범증과 한생이 간했지만 듣지 않으며 말했다. "부귀한 몸이 되어 고향으로 돌아가지 않는 것은 '비단옷을 입고 밤길을 가는 것[錦衣夜行]'과 같으니 누가 알아주겠는가?" 결국 이 결정은 항우가 몰락하는 원인이 되었다.

※ '錦衣還鄕(금의환향)'은 성공해서 고향으로 돌아간다는 뜻을 지닌 고사성어이다. 항우는 너무 '錦衣還鄕'만 추구하다가 결국 패망하고 말았다.

四面楚歌
사 면 초 가

넷 **사**, 얼굴 **면**, 초나라 **초**, 노래 **가**

[겉뜻] 사방에서 초나라 노랫소리가 들림.
[속뜻] 아무에게도 도움을 받지 못하는 외롭고 곤란한 지경.

천하를 놓고 각축을 벌이던 항우(項羽)와 유방(劉邦)은 홍구(鴻溝)를 사이에 두고 동쪽은 초나라, 서쪽은 한나라로 하는 휴전협정을 맺었다. 항우는 약속을 지켜 인질로 잡고 있던 유방의 가족들을 돌려보내고, 동쪽으로 철수하기 시작했다.

그러나 유방은 협정을 위반하고 항우를 뒤쫓아 공격했다. 항우는 해하(垓下)에 진을 치고 한나라 군사에 맞섰지만, 수적으로 워낙 열세였다. 한나라 군대는 초나라 군대를 몇 겹으로 에워쌌고, 초나라는 군량미까지 바닥을 드러내고 말았다.

이미 군사들의 사기가 땅에 떨어질 대로 떨어졌는데, 한밤중에 '사방에서 초나라 노래 소리[四面楚歌]'가 들려왔다. 한나라의 장량이 항복한 초나라 군사들로 하여금 초나라 노래를 부르게 한 것이다. 항우는 깜짝 놀라 말하였다. "한나라가 벌써 초나라를 다 차지했단 말인가? 어찌 저토록 초나라 사람들이 많은가?" 초나라 군사들은 전의를 잃고 그리운 고향의 노랫소리에 눈물을 흘리며 다투어 도망쳤다. 이튿날 항우의 초나라 군대는 초토화될 정도로 대패하고, 항우는 끝까지 홀로 저항하다가 오강(烏江) 가에 이르러 자결하고 말았다.

※ '四面楚歌'와 의미가 비슷한 성어로 완전히 고립되어 구원을 받을 데가 없다 는 뜻의 '孤立無援(고립무원)'이 있다.

多多益善
다 다 익 선

많을 **다**, 많을 **다**, 더할 **익**, 착할/좋을 **선**

[겉뜻] 많으면 많을수록 더욱 좋다.
[속뜻] 많을수록 더 능력을 발휘할 수 있다.

항우를 멸망시키고 한나라의 황제가 된 유방은 1등 공신 한신을 처음에 조나라 왕으로 봉했다가 그의 세력이 커질 것을 우려하여 결국 회음후(淮陰侯)로 강등시켰다. 그러고도 한신을 믿지 못한 유방은 어느 날 한신을 불러 한나라 장수들의 재능에 대하여 논하다가 이렇게 물었다. "나는 어느 정도의 군사를 거느릴 수 있겠소?" "폐하는 십만도 거느리지 못합니다." "그러면 그대는 어떻소?" "신은 많으면 많을수록 좋습니다." 유방은 "多多益善이라면서 어쩌다 내게 묶였단 말인가?" 하고 비웃었다. 한신이 대답했다. "폐하는 군사를 거느리는 데는 능하지 못하지만 장수를 거느리는 데는 훌륭하십니다."

兎死狗烹
토 사 구 팽

토끼 **토**, 죽을 **사**, 개 **구**, 삶을 **팽**

[겉뜻] 토끼가 죽으면 사냥개를 삶는다.
[속뜻] 필요할 때는 쓰고 필요 없을 때는 야박하게 버리는 경우.

한나라의 황제가 된 유방은 예전에 자신을 몹시 괴롭혔던 항우의 부하 종리매가 한신에게 몸을 의탁하고 있다는 사실을 알고 당장 종리매를 압송해 오라고 명했다. 종리매와 오랜 친구였던 한신은 종리매를 숨겨주었고, 그것이 빌미가 되어 한신이 역모를 꾸민다는 상소가 빗발쳤다. 종리매가 한신을 위해 자결을 하고, 한신이 종리매의 머리를 들고 가서 결백을 주장했지만 결국 한신은 역적으로 몰렸다. 한신은 분개하여 이렇게 말했다. "교활한 토끼를 사냥하고 나면 좋은 사냥개는 삶아 먹히고[兎死狗烹], 하늘 높이 나는 새를 다 잡으면 좋은 활은 곳간에 처박히며, 적국을 쳐부수고 나면 지혜 있는 신하는 버림을 받는다고 하더니 한나라를 세우기 위해 분골쇄신한 내가 이번에는 고조의 손에 죽게 되는구나."

◎ **삼국지**(三國志) **시대**(184~280)

桃園結義 도 원 결 의	복숭아 **도**, 동산 **원**, 맺을 **결**, 옳을 **의**

[겉뜻] 복숭아 동산에서 형제의 의리를 맺다.
[속뜻] 의형제를 맺음. 뜻이 맞는 사람끼리 한 목적을 위해 행동을 같이하기로 약속함.

유비와 관우, 그리고 장비가 복숭아밭에서 의형제를 맺은 데서 '도원결의 (桃園結義)'가 비롯했다. 이 장면은 훗날, 의형제 결의의 모범이 되었다. "뜻이 맞는 사람끼리 한 목적을 위해 행동을 같이하기로 약속한다."라는 뜻으로 지금도 많은 사람들의 입에 오르내리는 말이다.

※이날 세 사람이 결의를 맺은 복숭아 동산은 누구의 것이었을까? 많은 사람들이 유비의 것일 거라고 생각하지만, 그곳은 장비의 땅이었다.

三顧草廬 삼 고 초 려	셋 **삼**, 돌아볼 **고**, 풀 **초**, 오두막 **려**

[겉뜻] 세 번이나 초가집을 찾아감.
[속뜻] 인재를 맞아들이기 위하여 참을성 있게 노력함.

유비는 관우, 장비와 의형제를 맺고 한나라의 부흥을 위해 군사를 일으켰다. 그러나 군기를 잡고 계책을 세울 군사(軍師)가 없어 늘 조조에게 고전을 면치 못했다. 어느 날 유비는 은사인 사마휘에게서 제갈량을 추천받았다. 유비는 즉시 수레에 예물을 싣고 남양 땅에 있는 제갈량의 초가집을 찾아갔다. 그러나 제갈량은 집에 없었다. 며칠 후 또 찾아갔으나 역시 출타하고 없었다. 제갈량이 유비가 올 줄 미리 알고 자리를 피한 것이다. 제갈량은 유비의 진심을 시험해 보고자 한 것이었다. 마침내 수행했던 관우와 장비의 불평이 터져 나왔지만, 유비는 단념하지 않고 세 번째로 그를 찾아갔다. 그 성의에 감동한 제갈량은 마침내 유비의 군사가 되었다.

單騎千里
단 기 천 리

홑 **단**, 말탈 **기**, 일천 **천**, 마을 **리**

[겉뜻] 한 마리 말을 타고 천 리를 가다.
[속뜻] 옛 주인을 찾아가는 의리.

관우가 조조에게 사로잡히자, 조조는 관우를 부하로 삼기 위해 온갖 정성을 다했다. 결국은 천하의 명마 적토마를 그에게 선물한다. 그러나 관우는 적토마를 타고 유비를 찾아 떠난다. 유비에게 가려면 조조의 맹장들이 버티고 있는 관문 다섯 개를 통과해야 했다. 여기에서 나온 고사성어가 '오관돌파' 혹은 '오관참육장'이다. "다섯 관문을 돌파하면서 앞길을 가로막는 장수 여섯을 베었다."라는 말이다. 결국 관우는 말 한 필을 타고 다섯 관문을 돌파하여 유비에게 돌아갔다.

苦肉之策
고 육 지 책

쓸 **고**, 고기 **육**, 갈/~한 **지**, 꾀 **책**

[겉뜻] 자신의 몸을 괴롭게 하는 계책.
[속뜻] 어려운 상태를 벗어나기 위해 어쩔 수 없이 꾸며
내는 계책.

유비의 촉나라 군대와 손권의 오나라 군은 연합하여 조조의 100만 대군과 맞섰다. 연합군의 대장은 오나라의 주유였다. 주유와 제갈량은 조조군을 물리치는 데에는 화공(火攻)밖에 없다는 데에 의견일치를 보았으나, 화공을 쓰기 위해 조조군의 배를 묶어놓는 것이 문제였다. 그때 오나라의 노장 황개가 고육지계를 쓸 것을 자청하였다. 곤장 50대를 맞고 살갗이 터져 죽다 살아난 황개는 원수를 갚겠다고 조조군에게 거짓으로 투항하고 배를 묶어서 흔들리지 않게 할 것을 주장하였다. 결국 바람의 방향을 바꾼 제갈량의 도술로 화공은 성공하고 조조군은 적벽에서 대패했다. 그 유명한 적벽대전 이야기이다. 여기서 자신의 육신을 괴롭게 한 황개의 계책을 가리켜 '苦肉之策', 또는 '苦肉之計(고육지계)'라고 한다.

識字憂患
식 자 우 환

알 **식**, 글자 **자**, 근심 **우**, 근심 **환**

[겉뜻] 글자를 아는 것이 근심이 됨.
[속뜻] 학식이 있는 것이 도리어 근심을 일으키게 됨.

유비가 제갈량을 만나기 전에는 서서(徐庶)가 촉나라의 군사였다. 조조는 서서가 효자라는 점과 위(魏)나라에 살고있는 서서의 어머니가 글을 아는 점을 이용해서 서서를 회유할 계획을 세웠다. 조조는 서서 어머니의 필체를 흉내 내 내어 급히 위나라로 돌아오라는 편지를 서서에게 보냈다. 편지를 본 서서는 어머니에게 돌아왔다. 집으로 돌아온 아들을 보고 어머니는 깜짝 놀라 까닭을 물었다. 아들의 이야기를 들은 어머니는 한숨을 내쉬며 이렇게 말했다. "여자가 글자를 아는 것이 근심거리를 부르는 원인이 되는구나.[女子識字憂患(여자식자우환)]" 그리고는 서서의 어리석음을 꾸짖은 다음 자결하고 말았다.

泣斬馬謖
읍 참 마 속

울 **읍**, 벨 **참**, 말 **마**, 일어날 **속**

[겉뜻] 울면서 마속의 목을 벰.
[속뜻] 큰 목적을 위하여 자기가 아끼는 사람을 버림.

가정(街亭)은 촉나라의 요충지로 그곳을 지키는 것이 가장 중대한 일이었다. 그런데 그 중책을 맡길 만한 장수가 마땅치 않아서 제갈량은 고민했다. 그때 마속이 자원하고 나서면서 만약 실패하면 자신은 물론 온 가족이 참형을 당해도 결코 원망하지 않겠다고 맹세한다. 제갈량은 군율(軍律)에는 두 말이 없다는 것을 명심하라고 경계하며 마속에게 그 일을 맡긴다. 그러나 마속은 위나라 군사를 공격하지 말고 가정을 굳게 지키기만 하라는 제갈량의 당부를 무시하고 서둘러 공격하다가 포위당해 참패하고 돌아온다. 마속 같은 유능한 장수를 잃는 것은 나라의 손실이라고 주변에서 호소했지만 제갈량은 군기를 바로 세우기 위해서는 약속을 지켜야 한다며 마속의 목을 베기로 한다. 마속이 형장으로 끌려가자 제갈량은 소맷자락으로 얼굴을 가리고 마룻바닥에 엎드려 울었다고 한다.

당신의 문해력 文解力은?

◎ 풍지박산(X) – 풍비박산(O)

흔히 살림이 완전히 박살나거나 세력이 약해져 사방팔방으로 흩어지는 경우를 '풍지박산이 났다'고 합니다. 한술 더 떠서 '풍지박살'로 쓰는 경우도 있습니다. '풍지박산'이나 '풍지박살'은 모두 '풍비박산'의 오류입니다.

風飛雹散 풍 비 박 산	바람 풍, 날 비, 우박 박, 흩어질 산 [의미] 사방으로 날아 흩어짐.

◎ 결제? 결재?

> 다음 글에서 (ㄱ)과 (ㄴ)에는 '결제'와 '결재' 중 어떤 단어가 들어가야 할까요? "사장님의 (ㄱ)를 받아서 법인 카드로 100만원을 (ㄴ) 했습니다."

정답 :(ㄱ): 결재   (ㄴ): 결제

- 決裁(결재)는 "결정할 권한이 있는 상관이 부하가 제출한 안건을 검토하여 허가하거나 승인함."이라는 뜻을 가지고 있습니다.
- 決濟(결제)는 "증권 또는 대금을 주고받아 매매 당사자 사이의 거래 관계를 끝맺는 일."을 말합니다. 흔히 현금이나 카드로 물건값을 치르는 것은 '현금 결제', '카드 결제'처럼 '결제'를 씁니다.

◎ **INTP – 내향형, 직관형, 사고형, 인식형 – 사상가**(The Thinker) **유형**

博學多識	넓을 **박**, 배울 **학**, 많을 **다**, 알 **식**
박 학 다 식	[의미] 학식이 넓고 아는 것이 많음.

INTP 성격 유형은 흔히 '논리적인 사색가', '박학다식한 사상가' 등으로 불립니다. 이 유형의 사람들은 논리적이고 분석적인 성향을 지니고 있으며, 지식 탐구와 독창적인 사고를 중시합니다.

INTP를 대표할 수 있는 한자성어는 '博學多識(박학다식)'입니다. 이 유형은 지적 호기심과 탐구심이 뛰어나며, 독창적이고 혁신적인 아이디어를 창출하곤 합니다. 그런 점에서 '奇想天外(기상천외)'도 이 유형과 밀접한 한자성어입니다.

매우 독립적이고 내향적인 성격으로 다른 사람들과의 상호작용보다 자신만의 사고와 탐구에 몰두하는 것을 즐기는 유형으로 '獨也靑靑(독야청청)'도 가능합니다.

또한 논리적이고 객관적으로 사고하는 것을 중요하게 여기며, 체계적으로 문제를 분석하는 데 뛰어나지요. 다양한 정보를 수집하고, 이를 토대로 문제의 본질을 파악하여 창의적인 해결책을 찾으려 한다는 점에서는 "옛것을 본받아 새로운 것을 창조한다."는 뜻을 지닌 '法古創新(법고창신)'이나 '溫故知新(온고지신)'의 정신도 지니고 있습니다.

다만, 감정 표현에 다소 서툴고 대인 관계에 적당한 거리감을 두는 까닭에 인간관계에서는 공경하되 너무 가까이하지는 않는다는 뜻의 '敬而遠之(경이원지)'의 태도를 지녔다고 할 수 있습니다.

정치와 관련된 한자성어

세상에서 가장 무서운 것은 무엇일까요? 예전에는 호랑이가 가장 무서운 존재였습니다. 그런데 2500년 전의 성인 공자는 호랑이보다 더 무서운 것이 있다고 말했습니다. 그것은 바로 '가혹한 정치'였습니다. 공자는 정치의 핵심을 묻는 제자 자공의 물음에 '백성의 믿음[民信: 민신]'이라고 답했습니다. 어떤 정치가 좋은 정치인지, 어떤 정치가 나쁜 정치인지, 한자성어를 통해 알아봅시다.

◎ 좋은 정치

太平聖代
태 평 성 대

클 **태**, 평평할 **평**, 성인 **성**, 대신할/세대 **대**

[겉뜻] 태평하고 성스러운 시대.
[속뜻] 어진 임금이 잘 다스리어 태평한 세상이나 시대.

※ '太平聖代'는 '太平聖世(태평성세)'라고도 한다. 상고시대 堯舜(요순)이 다스리던 시대가 대표적인 태평성대이다.

康衢煙月
강 구 연 월

편안할 **강**, 네거리 **구**, 연기 **연**, 달 **월**

[겉뜻] 번화한 큰 길거리에서 달빛이 연기에 은은하게 비치는 모습을 나타내는 말.
[속뜻] 태평한 세상의 평화로운 풍경을 이르는 말.

※ '康衢煙月'과 비슷한 말로 '太平煙月(태평연월)'이 있다. 고려말 길재가 지은 "오백년 도읍지를 필마로 돌아드니 / 산천은 의구하되 인걸은 간 데 없다 / 어즈버 태평연월이 꿈이런가 하노라"라는 시조가 있다.

鼓腹擊壤 고 복 격 양	북/두드릴 **고**, 배 **복**, 칠 **격**, 흙 **양**
	[겉뜻] 배를 두들기고 흙을 침. [속뜻] 태평한 세월을 즐김을 이르는 말.

　요임금이 왕위에 오른 지 50년 되는 해, 자신이 정치를 잘하고 있는지 백성들의 속마음을 알고 싶어 미복을 하고 길거리에 나갔다. 그러자 노인들이 손으로 배를 두들기고 막대기로 땅을 치며 장단 맞추어 노래를 불렀다. "해가 뜨면 일하고 해가 지면 쉬네. 밭을 갈아 밥 먹고 우물을 파서 물 마시니, 임금의 힘이 나에게 무슨 소용 있으랴." 요임금은 회심의 미소를 지었다. "내가 정치를 제대로 하고 있구나. 백성들이 내 존재조차 모르고 있지만, 모두가 배부르고 등 따시게 살고 있지 않은가…."

　※'鼓腹擊壤'은 가장 이상적인 정치를 가리킬 때 흔히 인용하는 성어이다.

無爲之治 무 위 지 치	없을 **무**, 할 **위**, 갈/~한 **지**, 다스릴 **치**
	[겉뜻] 억지로 함이 없는 정치. [속뜻] 성인의 덕이 지극히 커서 굳이 억지로 무슨 일을 하지 않아도 천하가 저절로 잘 다스려짐.

　※노자(老子)의 정치 철학이 바로 '無爲之治'였다.

公平無私 공 평 무 사	공평할 **공**, 평평할 **평**, 없을 **무**, 사사로울 **사**
	[의미] 공평하여 사사로움이 없음.

　※'지극히 공평하여 사사로움이 없다'는 뜻의 '至公無私(지공무사)'도 같은 뜻이다.

◎ **나쁜 정치**

苛政猛於虎
가 정 맹 어 호

가혹할 **가**, 정사 **정**, 사나울 **맹**, 어조사 **어**, 범 **호**

[겉뜻] 가혹한 정치는 호랑이보다 무섭다.
[속뜻] 혹독한 정치의 폐가 큼.

공자가 태산 옆을 지나가는데 어떤 부인이 무덤가에서 슬피 울고 있었다. 공자는 수레를 멈추고 제자인 자로(子路)를 시켜 그 연유를 묻게 했다. "부인이 우는 것이 심히 깊은 근심이 있는 것 같습니다." 부인이 대답했다. "그렇습니다. 얼마 전에 우리 시아버지가 호랑이에게 죽었고, 남편이 또 호랑이에게 죽었습니다. 그런데 오늘 우리 아들이 또 호랑이에게 죽었습니다." "그렇다면 왜 이곳을 떠나지 않습니까?" "가혹한 정치가 없기 때문입니다." 공자가 말했다. "제자들아, 명심해라. 가혹한 정치는 호랑이보다 더 무섭다."

酒池肉林
주 지 육 림

술 **주**, 못 **지**, 고기 **육**, 수풀 **림**

[겉뜻] 술로 연못을 이루고 고기로 숲을 이룸.
[속뜻] 극히 호사스럽고 방탕한 술잔치.

은나라의 마지막 왕인 주왕(紂王)은 자질이 뛰어나고 식견이 높았으나, 그 뛰어난 자질을 덕을 쌓는 데 쓰지 않고 자만하여 신하들이 간하는 말을 듣지 않았다. 나중에는 달기(妲己)라는 미녀에게 빠지고 말았는데, 달기의 청을 받아들여 연못을 파 술을 채우고 나무에 고기를 매단 酒池肉林을 만들었다. 그리고는 그 안에서 밤새도록 술을 마시며 즐겼다. 또한 거대한 금고를 만들어 백성들에게 가혹하게 거두어들인 세금으로 그곳을 채웠으며, 포락(炮烙)이라는 끔찍한 형벌도 시행했다. 결국 은나라는 주나라에게 망하고 말았다.

※역사상 여색(女色)에 빠져 나라를 망친 이야기가 많이 나오는데, 나라를 망하게 할 정도로 빼어난 미색을 가진 여자를 '傾國之色(경국지색)'이라고 불렀다.

朝令暮改	아침 조, 명령할 령, 저물 모, 고칠 개
조 령 모 개	[겉뜻] 아침에 명령을 내렸다가 저녁에 다시 고침. [속뜻] 법령을 자꾸 고쳐서 갈피를 잡기가 어려움.

한나라 때 어사대부 조조의 상소문에 이런 내용이 있다. 5인 가족 가운데 나라에서 명한 노역을 해야 하는 사람이 두 명 이상이다. 언제 농사를 짓고 관혼상제를 치를 것인가? 게다가 홍수와 가뭄 등의 재해를 입었는데도 급한 세금이나 부역을 부과하는데, 이는 일정한 때도 정해져 있지 않아 아침에 영을 내리고 저녁에 고치는 것과 같은 상황이다. 이렇게 법령이 수시로 바뀌는 것이 결코 좋은 정치일 수는 없다.

塗炭之苦	진흙 도, 숯 탄, 갈/~의 지, 쓸/괴로울 고
도 탄 지 고	[겉뜻] 진구렁에 빠지고 숯불에 타는 괴로움. [속뜻] 가혹한 정치로 인해 백성들이 심한 고통을 겪음.

은나라의 탕왕이 하나라의 걸왕을 남소에서 추방하고 크게 부끄러워하면서 말했다. "후세에 이를 구실로 삼을까 봐 근심이 되는구나." 이에 중훼가 다음과 같이 말했다. "아, 이 하늘이 백성을 내신 것은 하고자 함이 있어서입니다. 임금이 없으면 곧 어지러워지는 것이므로, 하늘이 총명함을 내시어 다스리게 하신 것입니다. 하나라가 덕이 없어 백성들이 진흙과 숯불에 떨어지게 되자, 하늘이 곧 왕에게 용기와 지혜를 주시어 만방에 올바름을 나타내신 것입니다."

※우리가 흔히 '백성들의 삶이 도탄에 빠졌다'고 할 때 '塗炭(도탄)'이 여기서 나온 말이다.

◎ 신하들의 세계

公卿大夫
공 경 대 부

공평할 **공**, 벼슬 **경**, 큰 **대**, 지아비 **부**

[겉뜻] 삼공(三公)과 구경(九卿), 대부(大夫)를 아울러 이르는 말.
[속뜻] 벼슬이 높은 관인.

'公卿大夫'는 중국의 주나라 시대 3公 9卿 27大夫를 둔 이래 높은 벼슬아치들을 일컫는 말로 쓰였다. 우리나라에서 조선 시대에는 1, 2품의 품계에는 문·무의 구별없이 대부(大夫)라는 호칭을 썼다. 3, 4품에 대해서는 문반은 대부라 하고, 무반은 장군이라 하여 구별을 두었다. 따라서 대략 4품 이상의 관료를 대부라 할 수 있다.

조선 시대에는 영의정·좌의정·우의정을 3정승이라 하고, 이조·호조·예조·병조·형조·공조 등 6조의 판서를 6판서라 하였으며, 이들을 모두 아울러 3공 6경이라 부르기도 했다.

王侯將相
왕 후 장 상

임금 **왕**, 제후 **후**, 장수 **장**, 서로/재상 **상**

[겉뜻] 제왕·제후·장수·재상을 아울러 이르는 말.
[속뜻] 신분과 관직이 높은 사람.

※우리 역사에서 고려 때 '만적의 난'을 일으킨 만적이 한 유명한 말이 "王侯將相이 어찌 본래 씨가 따로 있겠는가?"였다. 그런데 본래 이 말은 진(秦)나라 이세황제 때 진승(陳勝)이 봉기를 일으키며 외친 말이다.

淸白吏
청 백 리

맑을 **청**, 흰 **백**, 벼슬아치 **리**

[겉뜻] 청렴하고 결백한 관리.
[속뜻] 재물에 대한 욕심이 없이 곧고 깨끗한 관리.

貪官汚吏
탐 관 오 리

탐할 **탐**, 벼슬 **관**, 더러울 **오**, 벼슬아치 **리**

[겉뜻] 탐욕스럽고 더러운 관리.
[속뜻] 백성의 재물을 탐내어 **빼앗는**, 행실이 깨끗하지
못한 관리.

※이를테면《춘향전》에 나오는 변학도 같은 자가 대표적인 '貪官汚吏'이다.

暗行御史
암 행 어 사

어두울 **암**, 다닐 **행**, 임금 **어**, 역사 **사**

[의미] 자기의 정체를 숨기고 돌아다니는 임시 벼슬.
[속뜻] 조선 시대에, 임금의 특명을 받아 지방관의 치적과
비위를 탐문하고 백성의 어려움을 살펴서 개선하는
일을 맡아 하던 임시 벼슬.

※'暗行'이란 '몰래 다닌다'는 뜻이며, '御史'는 '왕명으로 특별한 사명을 띠고 지방에 파견되던
임시 벼슬'을 말한다. 조선시대 대표적인 암행어사로 박문수가 있으며,《춘향전》에 나오는 남
자 주인공 이몽룡도 암행어사로 등장한다.

大監
대 감

큰 **대**, 살필 **감**

[의미] 조선 시대에, 정이품 이상의 벼슬아치를 높여 부르
던 말. 벼슬이나 지명 따위에 붙여서 불렀다. 영의정
대감, 이판 대감, 재동 대감 등.

※정1품은 3정승, 정2품은 6판서와 2참찬이 있었다. 이들을 아울러 '대감'이라 불렀다.

令監
영 감

명령할 **령/영**, 살필 **감**

[의미] 조선 시대에, 정삼품과 종이품의 벼슬아치를 이르
던 말.

※종이품은 참판, 대사헌 등이 있고, 정삼품은 참의, 대사성, 도승지 등이 해당한다. 이들을 일
러 '영감'이라 했는데, 후에는 나이 많은 남자를 높여 부르는 말로도 쓰이게 되었다.

당신의 문해력 文解力은?

◎ 홀홀단신(X) – 혈혈단신(O)

　"우리 할아버지는 한국전쟁 때 홀홀단신으로 월남하셨다."라고 쓴 글을 본적이 있습니다. 무엇이 틀렸을까요? '홀홀단신'이 틀렸습니다. '홀로'라는 우리말이 익숙하기 때문에 '홀홀'이라고 잘못 알기 쉽지만, 이 경우에는 '혈혈단신'이라고 써야 맞습니다.

孑孑單身 | 외로울 **혈**, 외로울 **혈**, 홀 **단**, 몸 **신**
혈 혈 단 신

　　　　　[의미] 의지할 곳이 없는 외로운 홀몸.

◎ 양수겹장(X) – 양수겸장(O)

　본래는 장기판에서 상대편의 말 둘이 한꺼번에 '장'을 부르는 것을 이르는 말입니다. 그런데 많은 사람들이 이것을 '양수겹장'으로 잘못 알고 있습니다. 이 또한 우리말 '겹'이 입에 쉽게 붙어 그렇게 된 것으로 추정됩니다. 이때는 '양수겸장'이라고 해야 맞습니다. 둘이 겸해서 장을 부른다고 이해하면 되겠습니다.

兩手兼將 | 둘 **량/양**, 손 **수**, 겸할 **겸**, 장수 **장**
양 수 겸 장

　　　　　[의미] 장기에서, 두 개의 말이 한꺼번에 장을 부름. 양쪽
　　　　　에서 동시에 하나를 노림을 비유적으로 이르는 말.

◎ **ESTP-외향형, 감각형, 사고형, 인식형- 활동가**(The Entrepreneur) **유형**

群鷄一鶴	무리 **군**, 닭 **계**, 한 **일**, 학 **학**
군 계 일 학	[의미] 닭의 무리 가운데 한 마리 학처럼 많은 사람 가운데서 뛰어난 인물.

ESTP 성격 유형은 흔히 '오지랖 넓은 실천가', '결단력 있는 활동가' 등으로 불립니다. 이 유형의 사람들은 활기차고 현실적인 성향을 지니고 있으며, 사교적이고 즉흥적인 성품도 아울러 지니고 있습니다.

ESTP를 대표할 수 있는 한자성어는 '群鷄一鶴(군계일학)'입니다. 추상적인 이론보다는 실질적인 결과에 관심이 많으며, 즉각적인 행동력과 모험심을 발휘하곤 합니다. 그래서 이 유형에는 '速戰速決(속전속결)'이나 '大膽無雙(대담무쌍)' 등의 한자성어가 어울립니다. 또한 규칙에 얽매이지 않는 자유로운 성향이라는 점에서는 '自由奔放(자유분방)'도 이 유형에 어울리는 한자성어입니다.

경제와 관련된 한자성어

흔히 '부귀는 재천'이라고 합니다. 부귀는 하늘에 달린 일이라 사람의 힘으로 어쩔 수 없다는 말입니다. 하지만 오늘날의 부귀는 사람의 노력에 따라 얼마든지 달라질 수도 있습니다. 본래 경제(經濟)는 경세제민(經世濟民)을 줄인 말로 쓰였습니다. 세상을 경영하고 백성을 구제한다는 높은 뜻을 지닌 말입니다. 하지만 오늘날 '경제'라는 단어는 영어의 'economy'를 번역한 것입니다. 경제와 관련된 한자성어에는 어떤 것들이 있는지 알아봅시다.

◎ 경제가 뭘까?

經世濟民 경 세 제 민	경서/다스릴 **경**, 세상 **세**, 건널/건질 **제**, 백성 **민**
	[의미] 세상을 다스리고 백성을 구제함.

※영어로 경제를 뜻하는 'economy'라는 말은 그리스어에서 유래하였는데, 원래는 '집안 살림하는 사람'이라는 의미를 지니고 있다.

※한편 '經營(경영)'이라는 말도 영어의 'management'를 번역한 말이지만, 한문에서는 '경지영지(經之營之)'의 준말로 '어떤 일을 계획하고 실행함'의 의미를 지니고 있다.

士農工商 사 농 공 상	선비 **사**, 농사 **농**, 장인 **공**, 장사 **상**
	[의미] 예전에, 백성을 나누던 네 가지 계급. 선비, 농부, 공장(工匠), 상인.

《한서》에서는 '士農工商'은 각각의 일이 정해져 있다고 정의하였다. 즉, 학문을 하여 지위를 차지하는 사람은 士, 땅을 개척하여 곡식을 생산하는 사람은 農, 정교한 기구를 만드는 사람은 工, 재화를 유통시키는 사람은 商이다.

貧富貴賤	가난할 **빈**, 넉넉할 **부**, 귀할 **귀**, 천할 **천**
빈 부 귀 천	[의미] 가난함과 부유함, 귀함과 천함.

※ '貧富'는 재물의 많고 적음에 따라 나눈 것이고, '貴賤'은 신분의 높고 낮음에 따라 나눈 것이다.

富貴在天	넉넉할 **부**, 귀할 **귀**, 있을 **재**, 하늘 **천**
부 귀 재 천	[의미] 부귀를 누리는 일은 하늘의 뜻에 달려있어 사람의 힘으로는 어찌할 수 없음.

※ 사람의 목숨은 하늘에 달려있다는 뜻을 가진 '人命在天(인명재천)'도 많이 쓰는 성어이다.

◎ **부자**(富者)**의 삶**

富貴榮華	넉넉할 **부**, 귀할 **귀**, 영화 **영**, 빛날 **화**
부 귀 영 화	[의미] 재산이 많고 지위가 높으며 귀하게 되어서 세상에 드러나 온갖 영광을 누림.

※ 공자는 《논어》에서 "의롭지 못한 부귀는 내게는 뜬구름과 같다."라고 하였다. 부귀를 추구하지 말라는 것이 아니라 정당한 방법으로 얻어야 함을 말한 것이다.

高臺廣室	높을 **고**, 돈대 **대**, 넓을 **광**, 집 **실**
고 대 광 실	[의미] 높은 누대 넓은 집. 매우 크고 좋은 집.

※ '高臺廣室'을 '高大廣室'로 쓰지 않도록 유의한다.

百萬長者 백 만 장 자	일백 **백**, 일만 **만**, 어른 **장**, 사람 **자**
	[의미] 재산이 매우 많은 사람.

※'億萬長者(억만장자)'도 같은 뜻이다. 예전에는 농경사회였기 때문에 '천석꾼'이니 '만석꾼'이니 하는 말도 부자를 지칭하는 말이었다. '千石꾼'이란 곡식 천 석을 거두어들일 만큼 땅과 재산을 많이 가진 부자를 비유적으로 이르는 말이며, '萬石꾼'은 그의 열 배 부자를 이르는 말이다. 한 석은 열 말에 해당하는데, 지금 부피의 단위로는 약 180리터를 가리킨다.

好衣好食 호 의 호 식	좋을 **호**, 옷 **의**, 좋을 **호**, 먹을 **식**
	[의미] 좋은 옷과 좋은 음식.

◎ 빈자(貧者)의 삶

朝飯夕粥 조 반 석 죽	아침 **조**, 밥 **반**, 저녁 **석**, 죽 **죽**
	[겉뜻] 아침에는 밥을 먹고 저녁에는 죽을 먹음. [속뜻] 몹시 가난한 살림.

※하루 종일 일을 하기 위해 아침에는 밥을 먹지만, 저녁에는 식량이 부족하여 죽으로 허기를 때우는 가난한 살림을 말한다. 점심은? 없다.

三旬九食 삼 순 구 식	셋 **삼**, 열흘 **순**, 아홉 **구**, 먹을 **식**
	[겉뜻] 삼십 일 동안 아홉 끼니밖에 먹지 못함. [속뜻] 몹시 가난함.

餓死之境 아 사 지 경	주릴 **아**, 죽을 **사**, 갈/~한 **지**, 지경 **경**
	[의미] 굶어죽게 된 지경.

草根木皮	풀 **초**, 뿌리 **근**, 나무 **목**, 가죽 **피**
초 근 목 피	[겉뜻] 풀뿌리와 나무껍질.
	[속뜻] 맛이나 영양 가치가 없는 거친 음식.

糊口之策	풀 **호**, 입 **구**, 갈/~한 **지**, 꾀 **책**
호 구 지 책	[겉뜻] 입에 풀칠을 할 방책.
	[속뜻] 가난한 살림에서 그저 겨우 먹고살아 가는 방책.

流離乞食	흐를 **류/유**, 떨어질 **리**, 빌 **걸**, 먹을 **식**
유 리 걸 식	[의미] 정처 없이 떠돌아다니며 빌어먹음.

糟糠之妻	지게미 **조**, 겨 **강**, 갈/~의 **지**, 아내 **처**
조 강 지 처	[겉뜻] 지게미와 쌀겨로 끼니를 이을 때의 아내.
	[속뜻] 몹시 가난하고 천할 때에 고생을 함께 겪어 온 아내.

후한(後漢) 광무제는 누이인 호양공주가 송홍을 흠모하는 것을 알고 두 사람을 맺어주기 위해 누이를 병풍 뒤에 숨기고 송홍을 불러 이렇게 말했다. "사람은 귀해지면 친구를 바꾸고, 부유해지면 아내를 바꾸는 것이 인지상정 아닌가?" 그러자 송홍이 대답했다. "가난하고 천할 때 사귄 벗을 잊어서는 안 되고, 지게미와 쌀겨를 먹으며 함께 고생한 아내를 버리면 안 된다고 들었습니다."

◎ 부자 되는 방법

勤儉節約 근 검 절 약	부지런할 **근**, 검소할 **검**, 마디/아낄 **절**, 묶을/아낄 **약**
	[의미] 부지런하고 알뜰하게 재물을 아낌.

積小成大 적 소 성 대	쌓을 **적**, 작을 **소**, 이룰 **성**, 큰 **대**
	[의미] 작은 것을 쌓아 큰 것을 이룸

※ '積小成大'는 '티끌 모아 태산'이라는 속담과 같은 뜻이다.

自手成家 자 수 성 가	스스로 **자**, 손 **수**, 이룰 **성**, 집 **가**
	[겉뜻] 자기 손으로 집안을 이룸.
	[속뜻] 물려받은 재산이 없이 자기 혼자의 힘으로 집안을 일으키고 재산을 모음.

◎ 망하는 지름길

虛浪放蕩 허 랑 방 탕	빌 **허**, 물결 **랑**, 놓을 **방**, 방탕할 **탕**
	[의미] 언행이 허황하고 착실하지 못하며 주색에 빠져 행실이 추저분함.

白手乾達	흰 **백**, 손 **수**, 마를 **건**, 통달할 **달**
백 수 건 달	[의미] 돈 한 푼 없이 빈둥거리며 놀고먹는 건달.

乾達이란 본래 불교에서 음악을 맡아보는 신(神)인 '간다르바'를 한자의 음을 이용해 표기한 중국어 '건달바(乾闥婆)'에서 유래한 말이다. 건달바는 향을 먹고 사는 신으로 허공을 날아다니면서 노래만 즐기기 때문에, 하는 일 없이 빈둥빈둥 놀거나 게으름을 피우는 짓을 하는 사람을 일컬어 '乾達'이라 부르게 되었다. 白手는 일하지 않아서 흰 손을 의미한다.

◎ 어떻게 살 것인가?

安貧樂道	편안할 **안**, 가난할 **빈**, 즐길 **락/낙**, 길 **도**
안 빈 낙 도	[의미] 가난을 편히 여기고 도를 즐김.

安分知足	편안할 **안**, 나눌/분수 **분**, 알 **지**, 발/족할 **족**
안 분 지 족	[의미] 편안한 마음으로 제 분수를 지키며 만족할 줄을 앎.

高枕安眠	높을 **고**, 베개 **침**, 편안할 **안**, 잠잘 **면**
고 침 안 면	[겉뜻] 베개를 높이 하여 편안히 잠. [속뜻] 근심 없이 편안히 지냄.

당신의 문해력文解力은?

◎ 주구장창(X) – 주야장천(O)

"넌 어떻게 된 애가 주구장창 TV만 보고 있니?" 처럼 어떤 일을 쉬지 않고 하는 것을 표현할 때 흔히 '주구장창'이라는 말을 씁니다. 그러나 틀린 표현입니다. '주야장창'도 틀린 표현입니다. 맞는 표현은 '주야장천'입니다. 강물이 밤낮으로 쉬지 않고 길이 흐른다는 데서 온 말입니다.

晝夜長川	낮 주, 밤 야, 길 장, 내 천
주 야 장 천	[의미] 밤낮으로 쉬지 아니하고 연달아.

◎ 피고(被告)와 피고인(被告人)

법을 다루는 드라마를 보면 어떤 경우에는 재판장이 "피고는…"이라고 말할 때도 있고, 또 "피고인은…"이라고 말할 때도 있지요. 도대체 두 단어는 어떻게 다를까요? 혹시 같은 말일까요?

비슷한 듯하지만 분명 다른 말입니다. 피고(被告)는 민사소송에서 소송을 당한 사람을 말하며, 피고인(被告人)은 형사소송에서 형사 책임을 져야할 자로 검사에 의하여 공소제기를 받은 사람을 말합니다. 민사소송에는 원고(原告)와 피고가 있고, 형사소송에는 검사와 피고인이 있습니다.

◎ **ESFP – 외향형, 감각형, 감정형, 인식형 – 연예인**(The Entertainer) **유형**

錦上添花 금 상 첨 화	비단 금, 위 상, 더할 첨, 꽃 화
	[의미] 비단 위에 꽃을 더한다는 뜻으로, 좋은 일 위에 또 좋은 일이 더하여짐.

ESFP성격 유형은 흔히 '자유로운 영혼의 연예인'으로 불립니다. 이 유형의 사람들은 외향적이고 긍정적이며, 사람들과 함께 즐거움을 나누는 것을 좋아합니다.

ESFP를 대표할 수 있는 한자성어는 '錦上添花(금상첨화)'입니다. 미적 감각이 뛰어나고 예술적인 재능을 두루 갖추고 있어 전형적인 '八方美人(팔방미인)'의 유형이기도 합니다. 당연히 '多才多能(다재다능)'합니다.

타인을 배려하고 공감 능력이 뛰어나다는 점에서는 '易地思之(역지사지)'와도 관련이 깊은 유형입니다. 또 자유로운 영혼으로, 규칙에 얽매이는 것을 싫어하며, 창의적이고 즉흥적인 상황에 잘 적응한다는 점에서는 '臨機應變(임기응변)'에도 뛰어나다고 할 수 있습니다.

다만 '自由奔放(자유분방)'한 성격이 지나쳐 자칫 '天方地軸(천방지축)'이 될 수 있는 점은 유의해야 합니다.

인생에 관련된 한자성어

한 젊은이가 '도대체 삶이란 무엇일까?'를 끝없이 고민했는데, 어디에도 답이 없었답니다. 방황하던 젊은이는 우연히 동네 포장마차에서 그 해답을 찾았는데요, 포장마차 메뉴판에 '삶은 달걀'이라고 적혀 있었답니다. 물론 우스갯소리지만, 예나 지금이나 '삶'이 무엇인지를 찾는 일은 인간의 영원한 숙제입니다.

한시에 이런 구절이 있습니다. "生年不滿百(생년불만백): 백 년도 안 되는 인생이거늘/常懷千歲憂(상회천세우): 언제나 천년의 근심을 품고 사네." 짧은 인생을 걱정 근심 속에서 흘려보낸다는 것은 아쉬운 일입니다. 그렇다면 과연 한자성어 속에서는 그 다양하고 복잡한 인생을 어떻게 표현하고 있을까요?

塞翁之馬
새 옹 지 마

변방 **새**, 늙은이 **옹**, 갈/~의 **지**, 말 **마**

[겉뜻] 변방 늙은이의 말.
[속뜻] 인생의 길흉화복은 변화가 많아서 예측하기가 어렵다는 말.

변방에 한 노인이 살았는데 기르던 말이 오랑캐 땅으로 달아나고 말았다. 이웃이 와서 위로하자 노인은 "이것이 복이 될 줄 누가 알겠는가?"라고 말했다. 얼마 후 그 말이 다른 말을 한 마리 더 데리고 돌아왔다. 이웃이 와서 축하하자 노인은 "이것이 화가 될 줄 누가 알겠는가?"라고 말했다. 노인의 아들이 새로 온 말을 타다가 떨어져 불구가 되었다. 이웃이 위로하자 노인은 또 이것이 복이 될 수도 있다고 했다. 이윽고 전쟁이 일어나 젊은이들이 다 끌려갔으나 노인의 아들은 온전하였다. 이처럼 인생의 길흉화복(吉凶禍福)은 예측할 수 없으니, 좋은 일에나 나쁜 일에나 너무 일희일비(一喜一悲)하지 말 일이다.

好事多魔	좋을 **호**, 일 **사**, 많을 **다**, 마귀 **마**
호 사 다 마	[겉뜻] 좋은 일에는 마가 끼는 일이 많음. [속뜻] 좋은 일에는 흔히 방해되는 일이 많음.

　중국의 소설《홍루몽》에 "美中不足(미중부족) 好事多魔(호사다마)"라는 말이 나온다. 이는 "아름다움 속에도 부족함이 있고, 좋은 일에도 마가 많이 낀다."는 뜻이다. 이렇듯 '好事多魔'는 좋은 일에는 으레 나쁜 일도 따라올 수 있으니 좋은 일이 생겨도 방심하지 말라는 교훈도 담고 있다. 그런 것이 인생이라는 말이다.

桑田碧海	뽕나무 **상**, 밭 **전**, 푸를 **벽**, 바다 **해**
상 전 벽 해	[겉뜻] 뽕나무밭이 변하여 푸른 바다가 됨. [속뜻] 세상일의 변천이 심함.

　한나라 때 왕방평이라는 신선이 있었다. 그가 하루는 채경이라는 사람의 집을 방문하여 제자인 마고를 불러오게 했다. 마고는 젊고 아리따운 여자였는데 그녀가 왕방평과 이야기를 나누다가 이런 말을 했다. "제가 신선님을 만나 모신 이래로 동해가 세 번이나 뽕나무밭으로 변하는 것을 보았습니다. 지난번에는 봉래(蓬萊)에 갔더니 바닷물이 이전보다 절반가량 얕아졌더군요. 다시 육지가 되려는 것일까요?" 그러자 왕방평이 말했다. "성인들께서 모두 말씀하시기를 동해는 다시 흙먼지를 일으킬 것이라고 하셨지." 여기서 뽕나무밭이 바다로 변하고 바다가 뽕나무밭으로 변한다는 '桑田碧海'라는 말이 나왔다. 순서를 바꾸어 '碧海桑田(벽해상전)'이라고도 한다.

自業自得
자 업 자 득

스스로 자, 일/업 **업**, 스스로 **자**, 얻을 **득**

[의미] 자기가 저지른 일의 결과를 자기가 받음.

※자기의 줄로 자기 몸을 옭아 묶는다는 뜻을 가진 '自繩自縛(자승자박)'도 '自業自得'과 비슷한 뜻이다.

因果應報
인 과 응 보

원인 인, 과실/결과 **과**, 응할 **응**, 갚을 **보**

[겉뜻] 원인과 결과가 상응하여 보답함.
[속뜻] 전생에 지은 선악에 따라 현재의 행과 불행이 있고, 현세에서의 선악의 결과에 따라 내세에서 행과 불행이 있는 일.

※'因果應報'는 '自業自得'과 속뜻이 비슷한 성어이다.

炎涼世態
염 량 세 태

불꽃 염, 서늘할 **량**, 세상 **세**, 모양 **태**

[겉뜻] 뜨거웠다 차가웠다 하는 인간 세태.
[속뜻] 세력이 있을 때는 아첨하여 따르고 세력이 없어지면 푸대접하는 세상 인심.

제나라의 재상 맹상군은 3천의 식객을 거느린 권세가였다. 그가 파직을 당하자 모두 흩어졌던 식객들이 재상에 복귀하자 다시 모여들었다. 맹상군이 그런 세태를 한탄하자 어떤 사람이 말했다. "아침에 사람들이 시장에 모이고 저녁에는 흩어지는 것은 사람들이 아침 시장을 좋아하고 저녁 시장을 싫어해서가 아닙니다. 아침 시장엔 신선한 물건이 많고 저녁에는 다 팔려서 없기 때문이지요. 권세에 따라 움직이는 것은 자연스러운 모습입니다."

※우리 속담에 "정승 개 죽은 데는 문상을 가도 정승 죽은 데는 문상을 안 간다."는 말이 '炎涼世態'를 잘 표현한 말이다.

甘吞苦吐	달 **감**, 삼킬 **탄**, 쓸 **고**, 토할 **토**
감 탄 고 토	[겉뜻] 달면 삼키고 쓰면 뱉는다.
	[속뜻] 자신의 비위에 따라서 사리의 옳고 그름을 판단함.

※'甘吞苦吐'는 '炎涼世態'와 속뜻이 비슷한 성어이다.

我田引水	나 **아**, 밭 **전**, 끌 **인**, 물 **수**
아 전 인 수	[겉뜻] 자기 논에 물 대기.
	[속뜻] 자기에게만 이롭게 되도록 생각하거나 행동함.

　예전에는 농경사회였기에 논에 물을 대는 일이 매우 중요한 일이었다. 특히 가뭄이 들어 물이 모자랄 때는 자신의 논에 조금이라도 물을 더 대기 위해 사투를 벌이기도 했다. '我田引水'라는 말은 남의 논에 물이 들어가는 물꼬를 막아 버리고 자신의 논에만 물을 대는 이기적이고 얌체 같은 행동을 일컫는 말이다. 그 의미가 확대되어 무엇이든 자기 위주로만 말하고 행동한다는 뜻으로 쓰이게 되었다.

※우리가 흔히 쓰는 '내로남불'이라는 유행어가 '我田引水'와 비슷한 의미이다.

類類相從	무리 **류/유**, 무리 **류/유**, 서로 **상**, 따를 **종**
유 유 상 종	[의미] 같은 무리끼리 서로 어울림.

※'類類相從'과 속뜻이 비슷한 성어로는 '草綠同色(초록동색)'이 있다. 우리 속담에 있는 '가재는 게 편'이라는 말도 속뜻이 비슷하다.

愚公移山
우 공 이 산

어리석을 **우**, 공 **공**, 옮길 **이**, 뫼 **산**

[겉뜻] 우공이 산을 옮김.
[속뜻] 어떤 일이든 끊임없이 노력하면 반드시 이루어짐.

우공(愚公: 어리석은 늙은이라는 뜻)이 사는 곳은 커다란 산 두 개가 막혀있어 외부로 드나들 수가 없었다. 우공은 그 산에 막혀 젊은이들이 크고 넓은 바깥세상으로 뻗어나가지 못하는 것을 늘 안타깝게 여기고 그 산을 옮기기로 마음먹었다. 자식들을 불러모은 우공은 자신의 취지를 말하였고, 자식들이 흔쾌히 동의했다. 온 가족이 나서서 산에서 흙을 파서 삼태기에 담아 산을 넘어 먼 바닷가에 버리고 오는 공사를 시작했다. 한 번 다녀오는 데 반년이 걸렸다. 우공의 이웃에 사는 지수(智叟: 지혜로운 늙은이라는 뜻)가 와서는, 그렇게 해서 어느 세월에 산을 옮길 수 있겠느냐고 걱정하고 비웃었다. 그러자 우공은 자신이 죽더라도 자손들이 끊임없이 태어나 이 일을 계속하다 보면 언젠가는 산이 옮겨질 것이라고 대답했다.

산에 사는 신이 그 이야기를 듣고는 우공이 그 일을 그치지 않으면 자신의 근거지가 사라질 것을 두려워하여 상제(上帝)에게 하소연했다. 그러자 그 정성에 감동한 상제가 천하장사인 과아씨(夸娥氏)의 두 아들에게 명하여 두 산을 짊어지고 가서 하나는 삭주의 동쪽에 또 하나는 옹주의 남쪽에 두게 하였다. 그 뒤로 기주의 남쪽과 한수의 북쪽엔 언덕 하나도 남아있지 않은 평지가 되었다.

殺身成仁
살 신 성 인

죽일 **살**, 몸 **신**, 이룰 **성**, 어질 **인**

[겉뜻] 자신을 죽여 인을 이룸.
[속뜻] 옳은 일을 위하여 자신을 희생함.

※'殺身成仁'은 《논어》에서 공자가 "뜻 있는 선비와 어진 사람은 살기 위해 인을 해치는 일이 없고, 자신의 목숨을 바쳐 인을 행할 뿐이다"라고 한 데에서 나온 말이다.

磨斧作針
마 부 작 침

갈 **마**, 도끼 **부**, 지을 **작**, 바늘 **침**

[겉뜻] 도끼를 갈아 바늘을 만듦.
[속뜻] 어떤 일이든 끊임없이 노력하면 반드시 이루어짐.

당나라 때의 유명한 시인 이백(李白)이 젊은 시절에 산에 들어가 공부하다가 그만 지겨워졌다. 그는 공부를 중간에 포기하고 산을 내려가기로 했다. 이백이 산에서 내려와 계곡 어귀에 이르렀는데, 한 노파가 커다란 도끼를 바위에 갈고 있었다. 이백이 무엇을 하려느냐고 묻자 노파는 바늘을 만들려 한다고 대답했다. 이백이 기가 막혀 "할머니, 어느 세월에 도끼가 바늘이 돼요?" 하고 묻자 노파가 대답했다. "왜 안 돼? 끊임없이 갈고 또 갈면 언젠가는 바늘이 되지." 그제야 크게 깨달은 이백은 그길로 다시 산에 들어가 열심히 공부하여 위대한 시인이 되었다고 한다.

※ '磨斧作針'은 '쇠공이를 갈아 바늘을 만든다'는 뜻의 '磨杵作針(마저작침)'과도 같은 뜻이다. 또한 '愚公移山'과도 속뜻이 비슷한 성어이다.

刻舟求劍
각 주 구 검

새길 **각**, 배 **주**, 구할 **구**, 칼 **검**

[겉뜻] 배에 새기고 칼을 찾음.
[속뜻] 융통성 없이 현실에 맞지 않는 낡은 생각을 고집하는 어리석음.

초(楚)나라 사람이 배를 타고 강을 건너다가 그만 가지고 있던 검을 물에 빠뜨리고 말았다. 그는 얼른 칼이 떨어진 뱃전에 칼자국을 내어 표시를 하고는 "여기가 내 칼이 떨어진 자리다."라고 말했다. 이윽고 배가 육지에 닿자 그는 칼자국이 있는 뱃전 아래로 내려가 칼을 찾으려고 했다. 배는 이미 움직였고, 물속에 떨어진 칼은 움직이지 않았으므로 뱃전 아래 칼이 있을 리 만무했다.

尾生之信 미 생 지 신	꼬리 **미**, 날 **생**, 갈/~의 **지**, 믿을 **신**
	[겉뜻] 미생의 신의. [속뜻] 우직하여 융통성이 없이 약속만을 굳게 지킴.

미생이라는 사람이 여자와 '다리 아래'에서 만나기로 약속했다. 미생이 약속시간에 맞추어 다리 아래로 나갔는데, 때마침 큰비가 내려 여자가 나오지 않았다. 물이 점점 차오르자 미생은 교각을 붙들고 버티다가 물에 휩쓸려 죽고 말았다.

宋襄之仁 송 양 지 인	송나라 **송**, 도울 **양**, 갈/~의 **지**, 어질 **인**
	[겉뜻] 송나라 양공의 어짊. [속뜻] 하찮은 인정.

송나라가 초나라와 전쟁을 하게 되었는데, 신하들은 이웃 나라 군대가 아직 전열을 정비하기 전에 공격하자고 말했다. 그러나 양공은, 그것은 어진 사람이 할 일이 아니라며 적이 전열을 갖추기를 기다렸다가 오히려 대패하여 세상 사람들의 비웃음거리가 되었다.

他山之石 타 산 지 석	다를/남 **타**, 뫼 **산**, 갈/~의 **지**, 돌 **석**
	[겉뜻] 남의 산에 있는 돌. [속뜻] 본이 되지 않은 남의 말이나 행동도 자신의 지식 과 인격을 수양하는 데에 도움이 될 수 있음.

※사람이나 사물 따위의 부정적인 면에서도 깨달음이나 가르침을 얻을 수 있다는 뜻을 가진 '反面教師(반면교사)'가 '他山之石'과 비슷한 의미이다.

易地思之 역 지 사 지	바꿀 **역**, 땅 **지**, 생각 **사**, 갈/그것 **지**
	[의미] 처지를 바꾸어 생각함.

木鷄之德 목 계 지 덕	나무 **목**, 닭 **계**, 갈/~의 **지**, 덕 **덕** [겉뜻] 나무 닭의 덕. [속뜻] 어떤 상황에서도 동요하지 않는 진정한 힘.

기성자라는 사람이 닭싸움을 좋아하는 왕을 위해 닭을 훈련시켰다. 열흘 후에 왕이 물었다. "이제 닭이 싸우기에 충분한가?" "아직 멀었습니다. 닭이 강하기는 하지만 자기 힘만 믿고 잘난 체하며 경박하게 행동합니다." 다시 열흘이 지나 왕이 묻자 기성자가 대답했다. "교만함과 경박함은 사라졌지만, 조급하여 다른 닭의 그림자만 보아도 싸우려고 덤빕니다." 다시 열흘이 지나 왕이 또 물었다. "조급함은 사라졌지만 아직도 분노를 억누르지 못하고 다른 닭을 사납게 노려봅니다." 다시 열흘이 지나 왕이 묻자 기성자가 대답했다. "이제 준비가 되었습니다. 다른 닭들이 크게 소리 내어 울어도 아무런 반응을 하지 않아 멀리서 바라보면 나무로 만든 닭처럼 보입니다. 이제 그 닭은 겸손한 마음과 진중한 태도를 갖추었으며, 분노를 다스릴 줄 알고, 다른 닭들의 행동에 쉽게 휩쓸리지 않습니다. 싸움닭이 갖추어야 할 덕을 모두 갖추었습니다. 이 닭이 나타나면 다른 닭들은 감히 맞서지 못하고 도리어 달아나기에 바쁩니다."

不言長短 불 언 장 단	아니 **불**, 말씀 **언**, 길/장점 **장**, 짧을/단점 **단** [겉뜻] 장점과 단점을 말하지 않음. [속뜻] 남의 장점과 단점을 함부로 평가하지 않음.

황희 정승이 젊었을 때 길을 가는데, 농부가 소 두 마리를 데리고 밭을 갈고 있었다. 황희는 두 마리 소 가운데 어떤 놈이 더 일을 잘하는지 물었으나 농부는 대답하지 않았다. 황희가 재차 묻자 농부가 다가와 귓속말로 "이놈이 낫습니다." 하고 말했다. 황희가 그게 무슨 비밀이냐고 묻자 농부는 "비록 가축이라도 이놈이 낫다고 하면 저놈이 싫어하지 않겠습니까?"라고 반문했다. 황희는 크게 깨닫고 다시는 남의 장단점을 함부로 말하지 않았다고 한다.

◎ 절대절명(X) - 절체절명(O)

아슬아슬한 위기나 고비를 맞았을 때 흔히 '절대절명의 위기'라고 표현하곤 합니다. 그러나 단언컨대, '절대절명'이라는 말은 없습니다. 이때는 '절체절명'이라고 써야 맞습니다. '절체절명의 위기'가 맞는 표현입니다.

絶體絶命 절 체 절 명	끊을 **절**, 몸 **체**, 끊을 **절**, 목숨 **명**
	[의미] 몸도 목숨도 다 되었다는 뜻으로, 어찌할 수 없는 절박한 경우를 비유적으로 이르는 말.

◎ '산통을 깨다'의 의미

'산통을 깬다'는 말이 있습니다. 여기서 '산통'은 순우리말일까요, 한자어일까요? 산통(算筒)은 한자어로, 예전에 맹인(盲人)이 점을 칠 때 쓰는, 산가지를 넣은 통을 말합니다. '산(算)가지'란 네 면에 각각 음양(陰陽)을 표시한 네모기둥 꼴로 된 여섯 개의 작은 나무 조각입니다. 이것을 통에 넣고 흔든 다음 꺼내서 나온 음양의 조합으로 점을 친 것이지요. 그러니 그 산통을 깨 버리면 더 이상 점을 칠 수 없겠지요? 그래서 '算筒을 깬다'는 말은 '다 잘되어 가던 일을 이루지 못하게 뒤틀다.'라는 뜻이 된 것입니다.

◎ ENFP - 외향형, 직관형, 감정형, 인식형 - 운동가(The Campaigner) 유형

千紫萬紅	일천 천, 붉을 자, 일만 만, 붉을 홍
천 자 만 홍	[의미] 울긋불긋한 여러 가지 꽃의 빛깔.

ENFP 성격 유형은 흔히 '재기발랄한 활동가'로 불립니다. 이 유형의 사람들은 창의적이고 열정적이며, 사람들과의 관계와 새로운 경험을 통해 영감을 얻습니다. 반복적이고 일상적인 일보다는 새롭고 창의적인 일에 열정을 쏟는 유형입니다.

ENFP를 대표할 수 있는 한자성어는 '千紫萬紅(천자만홍)'입니다. 온갖 꽃이 다투어 피듯이 열정적이고 활기차기 때문입니다. 당연히 이들에게 부여할 수 있는 또 다른 한자성어는 '才氣潑剌(재기발랄)'입니다.

창의적이고 상상력이 풍부하며 다양한 분야에 관심과 재능을 보이는 점에서 '多才多能(다재다능)'도 이 유형에 어울리는 성어입니다.

ENFP는 또 타인의 감정과 입장을 잘 이해하며, 공감 능력이 뛰어납니다. 따뜻하고 친절한 성격으로 사람들과 잘 어울리며, 타인을 돕고 지원하는 데에서 만족감을 느끼지요. 따라서 '易地思之(역지사지)'나 '推己及人(추기급인)'과도 잘 어울리는 유형입니다.

다만, 지나치게 많은 일을 한꺼번에 벌이는 데에서 자칫 '注意散漫(주의산만)'으로 비칠 수 있는 점을 유의해야 합니다.

감정에 관련된 한자성어

세상에 인간의 감정보다 복잡미묘한 것이 있을까요? 종교인들이나 학자들이 자신을 수양하기 위해 끊임없이 수련하고 수행하는 것도 대부분 자신의 감정을 다스리기 위한 일입니다. '기쁨·성냄·슬픔·즐거움'을 뜻하는 '희로애락(喜怒哀樂)'은 인간의 감정을 대표하는 성어입니다. 물론 인간의 감정은 이 네 가지보다 훨씬 많고 복잡하지요. 감정에 관련된 한자성어를 통해 자신의 감정을 다스리는 방법도 배울 수 있습니다.

喜怒哀樂
희 로 애 락

기쁠 **희**, 성낼 **노/로**, 슬플 **애**, 즐길 **락**

[겉뜻] 기쁨과 노여움과 슬픔과 즐거움.
[속뜻] 인간의 기본적인 감정.

人之常情
인 지 상 정

사람 **인**, 갈/~의 **지**, 항상 **상**, 뜻 **정**

[의미] 사람이면 누구나 가지는 보통의 마음.

喜喜樂樂
희 희 낙 락

기쁠 **희**, 기쁠 **희**, 즐길 **락/낙**, 즐길 **락**

[의미] 매우 기뻐하고 즐거워함.

喜色滿面 희 색 만 면	기쁠 **희**, 빛 **색**, 찰 **만**, 낯 **면**
	[의미] 기쁜 빛이 얼굴에 가득함.

怒發大發 노 발 대 발	성낼 **노**, 필 **발**, 큰 **대**, 필 **발**
	[의미] 몹시 노하여 펄펄 뛰며 성을 냄.

發憤忘食 발 분 망 식	필 **발**, 성낼 **분**, 잊을 **망**, 먹을 **식**
	[겉뜻] 분발하여 밥을 먹는 것조차 잊다. [속뜻] 끼니까지 잊을 정도로 어떤 일에 열중하여 노력함.

섭공이라는 사람이 공자의 제자 자로에게 공자가 어떤 사람이냐고 묻자 자로가 대답하지 못했다. 그러자 공자가 말했다. "너는 이렇게 말하지 그랬느냐? 우리 선생님은 분발하여 밥 먹는 것도 잊고, 즐거워하여 근심을 잊고, 늙음이 찾아올 줄도 모르는 분이라고."

※요즘 흔히 쓰는 '덕후'의 참 모습이 '發憤忘食'이라고 할 수 있다. '덕후'란 일본어 오타쿠(おたく)를 한국식으로 발음한 '오덕후'의 줄임말로, 영어로는 '마니아(mania)'의 뜻에 가깝다.

悲憤慷慨 비 분 강 개	슬플 **비**, 성낼 **분**, 슬플 **강**, 슬플 **개**
	[의미] 슬프고 분하여 마음이 북받침.

哀而不悲	슬플 애, 말이을 이, 아니 불, 슬플 비
애 이 불 비	[의미] 슬프지만 겉으로는 슬픔을 나타내지 아니함.

※ "나 보기가 역겨워 가실 때에는 / 말없이 고이 보내드리오리다"로 시작되는 김소월의 시 '진달래꽃'의 정서가 바로 '哀而不悲'라고 할 수 있다.

與民同樂	줄/더불 여, 백성 민, 한가지 동, 즐길 락
여 민 동 락	[의미] 임금이 백성과 더불어 즐김.

맹자가 양혜왕을 만났다. 양혜왕은 연못가에서 기러기와 사슴 등을 구경하고 있다가 맹자에게 물었다. "어진 사람도 저런 것을 즐깁니까?" 맹자가 대답했다. "어진 사람이라야 즐길 수 있습니다. 옛날에 문왕이 누대와 연못을 만들 때 백성들이 자식들처럼 달려들어 얼른 만들었습니다. 동산의 동물이며 연못의 물고기들을 백성과 더불어 즐겼기 때문에 마음껏 즐길 수 있었던 것입니다."

江湖之樂	강 강, 호수 호, 갈/~의 지, 즐길 락
강 호 지 락	[겉뜻] 강호의 즐거움. [속뜻] 자연을 벗 삼아 누리는 즐거움.

相思病	서로 상, 생각 사, 병 병
상 사 병	[의미] 남자나 여자가 마음에 둔 사람을 몹시 그리워하는 데서 생기는 마음의 병.

※ '相思'란 '그리움'이라는 뜻이다. 꽃 가운데 상사화(相思花)가 있으며, 나무 가운데 연리지(連理枝)가 있는데, 이는 모두 상사병과 관련이 있는 이름이다.

望夫石 망 부 석	바랄 **망**, 지아비 **부**, 돌 **석**
	[겉뜻] 지아비를 기다리는 돌. [속뜻] 정조를 굳게 지키던 아내가 멀리 떠난 남편을 기다리다 그대로 굳어서 되었다는 돌.

중국의 무창 양신현 북산에 망부석이 있으니 그 형상이 마치 사람이 서 있는 것과 같다. 전하는 말에, 옛날에 정숙한 부인이 있었는데, 그 남편이 부역을 하러 멀리 전쟁터에 갔다. 부인이 어린 아들을 데리고 이 산에서 전송했는데, 서서 바라보다가 돌이 되었다고 한다.

寤寐不忘 오 매 불 망	깰 **오**, 잠잘 **매**, 아니 **불**, 잊을 **망**
	[의미] 자나 깨나 잊지 못함.

鶴首苦待 학 수 고 대	학 **학**, 머리 **수**, 괴로울 **고**, 기다릴 **대**
	[의미] 학의 목처럼 목을 길게 빼고 간절히 기다림.

勞心焦思 노 심 초 사	수고로울 **로/노**, 마음 **심**, 태울 **초**, 생각 **사**
	[의미] 몹시 마음을 쓰며 애를 태움.

戰戰兢兢 전 전 긍 긍	싸울 **전**, 싸울 **전**, 삼갈 **긍**, 삼갈 **긍**
	[의미] 몹시 두려워서 벌벌 떨며 조심함.

※ '戰戰兢兢'에서 '戰'은 '떨다'라는 뜻이며 '兢'은 '두려워하다'라는 뜻이다.

欲速不達
욕 속 부 달

하고자할 **욕**, 빠를 **속**, 아니 **부**, 이를 **달**

[겉뜻] 빨리하고자 하면 이루지 못함.
[속뜻] 너무 빨리 이루려고 조급하게 서두르면 오히려
　　　 일을 그르치게 됨.

공자의 제자 자하가 정치를 잘할 수 있는 방법을 묻자 공자가 말했다. "빨리하려고 서둘지 말고, 작은 이익을 보려고 하지 마라. 빨리하려 하면 일이 잘되지 않고, 작은 이익에 구애되면 큰일이 이루어지지 않느니라."

見物生心
견 물 생 심

볼 **견**, 물건 **물**, 날 **생**, 마음 **심**

[의미] 물건을 보면 욕심이 생김.

優柔不斷
우 유 부 단

넉넉할 **우**, 부드러울 **유**, 아니 **부**, 끊을 **단**

[의미] 어물어물 망설이기만 하고 결단성이 없음.

外柔內剛
외 유 내 강

바깥 **외**, 부드러울 **유**, 안 **내**, 굳셀 **강**

[의미] 겉으로는 부드럽고 순하게 보이나 속은 곧고 굳셈.

※《노자》에 보면 '柔弱勝剛强(유약승강강)'이라는 말이 나온다. "부드럽고 약한 것이 굳세고 강한 것을 이긴다."는 뜻이다.

杯中蛇影
배 중 사 영

잔 **배**, 가운데 **중**, 뱀 **사**, 그림자 **영**

[겉뜻] 술잔 속의 뱀 그림자.
[속뜻] 스스로 의혹하는 마음이 생겨 고민하거나, 아무것
도 아닌 일에 의심을 품고 지나치게 근심하는 것.

진(晉)나라 악광에게 친한 친구가 있었다. 그 친구는 악광과 자주 술자리
를 같이 하곤 했는데 어느 날부터 발걸음을 끊었다. 악광이 친구를 찾아가니
얼굴이 매우 좋지 않아 보였다. 악광이 이유를 묻자 친구가 대답했다. "전에
자네와 술을 마실 때 내 잔 속에 뱀이 보이지 않겠나. 그렇지만 자네가 무안
할까 봐 할 수 없이 그냥 마신 이후 몸이 별로 좋지 않네." 이상하다고 생각한
악광이 돌아와서 친구가 앉은 자리의 술잔을 보니 벽에 걸린 활 그림자가 술
잔에 비쳤다. 그것이 언뜻 뱀처럼 보인 것이었다. 악광이 친구를 초대하여 그
사실을 알려주자 그제야 친구는 마음의 병이 나았다.

竊鈇之疑
절 부 지 의

훔칠 **절**, 도끼 **부**, 갈/~한 **지**, 의심할 **의**

[겉뜻] 도끼를 훔쳤다는 의심.
[속뜻] 공연한 혐의를 이르는 말.

옛날에 건망증 심한 사람이 도끼를 잃어버리고는 그 옆집 아이를 의심하
였다. 그 아이가 걷는 것을 보니 도끼를 훔친 것 같았고 그의 얼굴빛도 도끼
를 훔친 것 같았으며 말도 도끼를 훔친 것 같았다. 동작과 태도 어느 것 하나
도끼를 훔치지 않아 보이는 것이 없었다. 그런데 후에 산골짜기에 갔다가 자
기 도끼를 찾았다. 그 다음에 옆집 아들을 보니 동작과 태도 모두가 도끼를
훔친 것처럼 보이는 점이 없었다. 걸음걸이가 의젓하고 얼굴이 반듯하며 말
씨도 상냥한 것이 절대로 남의 것을 훔칠 사람이 아니었다.

당신의 문해력 文解力은?

◎ 체면불구(X) – 체면불고(O)

'체면불구'인가, '체면불고'인가? 이건 정말 헷갈리는 말이지요. 우리가 보통 '~함에도 불구하고' 식으로 많이 쓰기 때문에 '체면불구'가 익숙해 보이지만, 그럼에도 불구하고 이 말은 틀렸습니다. '체면불고'가 맞는 표현입니다. 비슷한 표현으로 '염치불구'도 '염치불고'의 잘못입니다. '불고'는 '돌아보지 않는다'는 뜻입니다.

體面不顧	몸 체, 얼굴 면, 아니 불, 돌아볼 고
체 면 불 고	[의미] 체면을 돌아보지 않음.

◎ 제적과 재적

결제(決濟)와 결재(決裁)가 헷갈리듯이 자주 헷갈리는 단어가 '제적'과 '재적' 입니다.

除籍(제적): 없앨 제, 문서 적
在籍(재적): 있을 재, 문서 적

그러니까 '除籍'은 문서나 명부에서 지워버리는 것이고, '在籍'은 그 이름이 문서나 명부에 올라 있는 경우를 말합니다. 다음 예를 보면 차이가 분명해지겠지요?

"돌아가신 할아버지의 除籍 등본이 필요합니다."

"본 안건은 在籍 인원 과반수의 찬성으로 통과되었습니다."

◎ ENTP – 외향형, 직관형, 사고형, 인식형- 토론가(The Debater) 유형

奇想天外
기 상 천 외

기이할 **기**, 생각 **상**, 하늘 **천**, 바깥 **외**

[의미] 착상이나 생각 따위가 쉽게 짐작할 수 없을 정도로 기발하고 엉뚱함.

ENTP성격 유형은 흔히 '변론가', '달변가' 등으로 불립니다. 이 유형의 사람들은 창의적이고 논리적이며, 토론과 혁신을 즐깁니다. 지적 호기심이 많고 다양한 관심사를 지니고 있기도 합니다.

ENTP를 대표할 수 있는 한자성어는 '奇想天外(기상천외)'입니다. 논리적이고 설득력 있는 주장을 펼치며, 토론과 논쟁을 즐기는 점에서 '百家爭鳴(백가쟁명)'을 연상시키기도 합니다.

또 새로운 경험과 변화를 즐기며, 정해진 틀이나 안정된 환경보다는 끊임없이 변화하는 상황 속에서 더 잘 적응하고, 문제를 해결하는 데에 강점을 발휘한다는 점에서 '臨機應變(임기응변)'에도 뛰어납니다.

인간관계에서는 솔직하고 직설적이며 개방적인 대화를 선호하기 때문에 '虛心坦懷(허심탄회)'와도 관련을 지을 수 있습니다.

孝에 관련된 한자성어

"가지 많은 나무에 바람 잘 날 없다."는 말이 있습니다. 자식을 많이 둔 어버이에게는 근심, 걱정이 끊일 날이 없음을 비유적으로 이르는 말입니다. 요즘은 자식을 많이 두지 않지만, 그래도 부모의 걱정은 옛날보다 덜하지 않습니다. 효(孝)는 케케묵은 옛날이야기가 아니라 동서고금(東西古今)에 통하는 보편적 가치입니다.

父爲子綱 부 위 자 강	아버지 **부**, 할/될 **위**, 아들 **자**, 벼리 **강**
	[겉뜻] 아버지는 아들의 벼리가 된다. [속뜻] 자식의 도리는 어버이를 섬기는 것이 근본임.

※ '父爲子綱'은 '삼강오륜(三綱五倫)'이라고 할 때 '삼강' 중 하나이다.

※ '父'와 '子'는 '아버지와 아들'만 의미하는 것이 아니다. '부모와 자식'이라는 의미이다. 아래의 성어에 쓰인 '父'와 '子'의 의미도 다 마찬가지이다.

父子有親 부 자 유 친	아버지 **부**, 아들 **자**, 있을 **유**, 친할 **친**
	[의미] 아버지와 아들 사이의 도리는 친애에 있음.

※ '父子有親'은 '삼강오륜(三綱五倫)'이라고 할 때 '오륜' 중 하나이다.

父慈子孝 부 자 자 효	아버지 **부**, 사랑할 **자**, 아들 **자**, 효도 **효**
	[겉뜻] 아버지는 사랑하고 아들은 효도함. [속뜻] 어버이는 자식에게 도타운 사랑을 베풀고 자식은 부모를 잘 섬기는 일.

父父子子	아버지 **부**, 아버지 **부**, 아들 **자**, 아들 **자**
부 부 자 자	[의미] 아버지는 아버지답고 아들은 아들다움.

《논어》에 "君君 臣臣 父父 子子(군군 신신 부부 자자)"라는 말이 나온다. 임금은 임금답고, 신하는 신하답고, 아버지는 아버지답고, 아들은 아들다워야 한다는 말이다.

舐犢之愛	핥을 **지**, 송아지 **독**, 갈/~한 **지**, 사랑 **애**
지 독 지 애	[겉뜻] 어미 소가 송아지를 핥는 사랑. [속뜻] 자식에 대한 어버이의 지극한 사랑.

倚閭之望	기댈 **의**, 이문 **려**, 갈/~한 **지**, 바랄 **망**
의 려 지 망	[겉뜻] 이문에 기대어 기다림. [속뜻] 자식을 기다리는 어머니의 마음.

전국시대 왕손가라는 사람은 제나라의 민왕을 섬겼다. 그런데 민왕이 교만하게 제멋대로 정치를 하다가 다른 제후국들의 연합군에 쫓기게 되었다. 처음에 왕손가는 민왕이 도망갈 때 따라갔으나 뒤에 민왕을 잃어버리고 혼자 몰래 돌아왔다. 그러자 그 어머니가 왕손가에게 말했다. "네가 아침에 나갔다가 늦게 돌아오면 나는 항상 문간에 서서 너를 기다린다. 만약 네가 저녁에 나갔다가 돌아오지 않으면 나는 마을 어귀의 이문에 기대어 너를 기다린다. 하지만, 너는 지금 왕을 섬기고 있으면서 왕이 피신해 있는 곳을 모르면서도 어떻게 집으로 돌아올 수 있단 말이냐."

望雲之情
망 운 지 정

바랄 **망**, 구름 **운**, 갈/~한 **지**, 뜻 **정**

[겉뜻] 구름을 바라보는 마음.
[속뜻] 자식이 객지에서 부모를 그리는 정.

당나라 때 적인걸(狄仁傑)이 먼 지방으로 발령이 났다. 적인걸은 부모님이 그리울 때마다 태항산(太行山)에 올라 외롭게 떠다니는 흰 구름을 보면서 주변 사람들에게 이야기했다. "우리 부모님의 집이 저 아래 있겠지." 그렇게 오랫동안 슬픈 모습으로 구름을 쳐다보다가 구름이 걷히면 그곳을 떠났다.

※ '倚閭之望(의려지망)'이 부모가 자식을 그리며 기다리는 것을 의미한다면, '望雲之情'은 자식이 부모를 그리워하는 것을 의미한다.

伯俞之孝
백 유 지 효

맏 **백**, 대답할 **유**, 갈/~의 **지**, 효도 **효**

[겉뜻] 백유의 효도.
[속뜻] 어버이에 대한 지극한 효심.

백유가 잘못을 하여 어머니께 회초리를 맞으며 울자 어머니가 물었다. "예전에는 네가 회초리를 맞으면서 울지 않더니 지금 우는 까닭은 무엇이냐?" 백유가 말했다. "제가 잘못을 할 때는 항상 어머니께서 회초리로 저를 때리셨지요. 전에는 어머니의 회초리가 아팠는데, 지금은 어머니의 힘이 쇠약해지셔서 아프지 않습니다. 회초리가 아프지 않아서 우는 것입니다."

昏定晨省
혼 정 신 성

어두울/저녁 **혼**, 정할 **정**, 새벽 **신**, 살필 **성**

[겉뜻] 저녁에는 잠자리를 보아 드리고 아침에는 문안을 살핌.
[속뜻] 자식이 아침저녁으로 부모님을 보살피는 것.

《예기》에 이런 말이 나온다. "무릇 사람의 자식으로서의 예는 겨울에는 따뜻하게 해 드리고 여름에는 서늘하게 해 드리며, 저녁에는 잠자리를 정돈해 드리고 새벽에는 문안 인사를 드리며, 친구끼리 다투지 않는다."

出必告反必面
출 필 곡 반 필 면

나갈 **출**, 반드시 **필**, 아뢸 **곡**, 돌이킬 **반**, 반드시 **필**, 얼굴 **면**

[겉뜻] 나갈 때는 반드시 부모님께 아뢰고, 돌아오면 반드시 얼굴을 뵙고 알림.
[속뜻] 외출할 때와 귀가했을 때 자식이 부모에게 지켜야 할 도리.

※'告'는 본래 '알릴 (고)'이지만, '아뢰다'라는 뜻으로 쓰이면 '곡'으로 읽는다.

《예기》에 이런 말이 나온다. "무릇 사람의 자식 된 자는 밖에 나갈 때는 반드시 부모에게 가는 곳을 말씀드리고 허락을 받아야 하며, 집에 돌아와서는 반드시 부모의 얼굴을 뵙고 돌아왔음을 알려 드려야 한다. 나들이하는 곳은 반드시 일정하여야 하고, 공부를 익힐 때는 반드시 기록장이 있어야 한다."

三枝之禮
삼 지 지 례

셋 **삼**, 가지 **지**, 갈/~의 **지**, 예절 **례**

[겉뜻] 세 번째 가지의 예.
[속뜻] 부모에 대한 지극한 효성.

※비둘기 새끼가 어미가 앉은 가지에서 세 단계 아래 있는 가지에 앉는다는 말이다. 실은 새끼가 어려서 높은 가지에 앉지 못하기 때문일 것이다. 그러나 그 모습을 보고 부모에 대한 예와 효를 다하라는 교훈으로 삼은 말이다.

反哺之孝 반 포 지 효	돌이킬 **반**, 먹일 **포**, 갈 **지**, 효도 **효**
	[겉뜻] 새끼가 거꾸로 어미를 먹이는 효. [속뜻] 자식이 자란 후에 어버이의 은혜를 갚는 효성.

※까마귀 새끼가 자라면 늙은 어미에게 먹이를 물어다 준다는 데서 유래한 말이다. '反哺報恩
(반포보은)'이라고도 한다.

父傳子傳 부 전 자 전	아버지 **부**, 전할 **전**, 아들 **자**, 전할 **전**
	[겉뜻] 아버지가 전한 것을 아들이 전해 받음. [속뜻] 자식의 성격이나 생활 습관 따위가 어버이로부터 대물림된 것처럼 같거나 비슷함.

不肖子息 불 초 자 식	아니 **불**, 닮을 **초**, 아들 **자**, 쉴/자식 **식**
	[겉뜻] 부모를 닮지 못한 자식. [속뜻] 어버이의 사업이나 덕망을 이을 만하지 못한 자식.

※'不肖(불초)'라고 할 때 '肖'는 '닮았다'라는 뜻이다. 그래서 꼭 닮게 그리는 그림을 초상화(肖
像畫)라고 한다.

風樹之歎 풍 수 지 탄	바람 **풍**, 나무 **수**, 갈 **지**, 탄식할 **탄** [겉뜻] 바람이 나무를 흔든다는 한탄. [속뜻] 효도를 다하지 못한 자식의 슬픔.

공자가 길을 가고 있는데 고어(皐魚)라는 사람이 길가에서 울고 있었다. 공자가 까닭을 묻자 고어가 대답했다. "저에게는 세 가지 잃은 것이 있습니다. 첫째, 어려서 공부를 하여 제후에게 유세하느라고 부모님을 소홀히 했습니다. 둘째, 내 뜻을 고상하게 하느라 임금을 섬기는 일을 등한히 했습니다. 셋째, 친구와 사이가 두터웠으나 젊어서 멀어졌습니다. 나무가 조용히 있고 싶어도 바람이 그치지 않고, 자식이 봉양하려 하지만 부모님은 기다려 주지 않습니다."

樹欲靜而風不止 수 욕 정 이 풍 부 지	나무 **수**, 하고자할 **욕**, 고요할 **정**, 말이을 **이**, 바람 **풍**, 아니 **부**, 그칠 **지** [의미] 나무는 고요하고자 하나 바람이 그치지 않는다.

子欲養而親不待 자 욕 양 이 친 부 대	아들 **자**, 하고자할 **욕**, 기를/봉양할 **양**, 말이을 **이**, 어버이 **친**, 아니 **부**, 기다릴 **대** [의미] 자식은 봉양하고자 하나 어버이는 기다려 주지 않는다.

※ '不'은 본래 음이 '불'이지만 'ㄷ'이나 'ㅈ'으로 시작되는 글자 앞에서는 '부'로 읽는다. 不待(불대×, 부대○) 不止(불지×, 부지○)

◎ **문자도**(文字圖)**에 숨겨진 孝**

　민화(民畫) 가운데 글자의 의미와 관계있는 고사 등의 내용을 한자 획 속에 그려 넣어 서체를 구성한 그림을 '문자도'라고 한다. '孝'를 주제로 한 문자도에는 거문고, 죽순, 잉어, 귤, 부채 등 5가지의 사물이 등장하는데 모두 고사와 관련이 깊다.

孝感動天
효 감 동 천

효도 **효**, 느낄 **감**, 움직일 **동**, 하늘 **천**

[의미] 효가 하늘을 감동시킴

　거문고는 중국 고대 오제(五帝)의 한 사람인 순(舜)임금과 관련 있다. 순임금의 생모가 죽자 아버지 고수는 곧 후처를 얻어 아들 상(象)을 낳았는데, 이복동생인 상은 어머니와 짜고 아버지를 꾀어 순을 괴롭히고 심지어 죽이려고까지 했다. 하지만 순은 위험한 순간을 모면하고도 아무 일도 없었던 것처럼 태연히 거문고를 탔다고 한다. 그리고 그런 일이 있은 뒤에도 순은 전과 다름없이 아버지와 계모를 극진히 모셨다고 한다.

雪裏求筍
설 리 구 순

눈 **설**, 속 **리**, 구할 **구**, 죽순 **순**

[겉뜻] 눈 속에서 죽순을 구함.
[속뜻] 어버이에게 지극히 효도함.

　죽순은 맹종(孟宗)의 효행과 관련이 깊다. 맹종은 중국 삼국시대 사람인데, 그의 어머니가 겨울에 죽순을 먹고 싶다고 하자 대나무밭으로 달려갔다. 하지만 눈 덮인 겨울이라 죽순이 있을 리 없었다. 맹종이 슬퍼하며 눈물을 흘리자 눈이 녹고 그 자리에서 갑자기 죽순이 솟아나 그것을 잘라서 어머니를 봉양했다.

剖氷得鯉
부 빙 득 리

쪼갤 **부**, 얼음 **빙**, 얻을 **득**, 잉어 **리**

[겉뜻] 얼음을 쪼개 잉어를 얻음.
[속뜻] 어버이에게 지극히 효도함.

왕상(王祥)은 자신을 괴롭히는 계모를 지극한 효성으로 봉양했다. 계모가 한겨울에 왕상에게 잉어를 구해오라고 시켰다. 그러나 강이 꽁꽁 얼어 어쩔 도리가 없자 왕상은 옷을 모두 벗고 누워서 체온으로 얼음을 녹이려고 했다. 그러자 갑자기 얼음이 갈라지며 쌍잉어가 뛰어올랐다. 왕상은 잉어를 잡아서 계모를 정성껏 봉양했다.

陸績懷橘
육 적 회 귤

뭍 **륙/육**, 쌓을 **적**, 품을 **회**, 귤 **귤**

[겉뜻] 육적이 귤을 품음.
[속뜻] 어버이에게 지극히 효도함.

육적(陸績)이 여섯 살 때 원술(袁術)을 만났는데, 원술이 귤을 주자 그중 3개를 품에 넣고 작별 인사를 하다가 귤을 떨어뜨렸다. 원술이 "육랑(육적)은 손님으로 와서 왜 귤을 품에 넣었는가?"라고 물었다. 육적은 무릎을 꿇고 대답했다. "돌아가 모친께 드리고 싶었습니다." 원술은 이를 기특하게 여기었다.

扇枕溫衾
선 침 온 금

부채 **선**, 베개 **침**, 따뜻할 **온**, 이불 **금**

[겉뜻] 베개에 부채질하고 이불을 데움.
[속뜻] 어버이에게 지극히 효도함.

황향(黃香)은 아홉 살 때 어머니를 여의고 아버지와 함께 살았다. 그는 어린 나이에도 불구하고 아버지를 늘 극진히 모셔, 추운 겨울철에는 아버지의 이부자리에 먼저 들어가 자신의 체온으로 이부자리를 따뜻하게 덥혀 놓았고 여름에는 아버지가 잠드실 때까지 부채질을 해 드렸다.

당신의 문해력 文解力은?

◎ 성대묘사(X) – 성대모사(O)

　어떤 사물의 소리나 다른 사람의 목소리를 흉내내는 것을 흔히 '성대묘사'라고 쓰는 경우가 있는데, 이는 '성대모사'의 잘못입니다. '묘사'는 어떤 대상이나 사물, 현상 따위를 표현하는 것이고, '모사'는 그대로 본뜨는 것입니다.

聲帶模寫 성 대 모 사	소리 **성**, 띠 **대**, 본뜰 **모**, 그릴 **사** [의미] 다른 사람의 목소리나 새, 짐승 따위의 소리를 흉내내는 일을 비유적으로 이르는 말.

◎ '추돌'과 '충돌'은 어떻게 다른가?

　"눈길에 미끄러진 차량 10대가 추돌사고를 일으켰습니다."라든가, "길을 잘못 들어 역주행하던 차량이 맞은편에서 오던 차량과 정면으로 충돌했습니다."와 같은 안타까운 소식을 접할 때가 있습니다. 그런데 많은 사람들이 '추돌'과 '충돌'을 혼동하거나 정확한 뜻을 모르고 사용합니다. 한자로 알아봅시다.

追突 추 돌	따를 **추**, 부딪칠 **돌** [의미] 자동차나 기차 따위가 뒤에서 앞의 차를 들이받음.

衝突 충 돌	부딪칠 **충**, 부딪칠 **돌** [의미] 서로 맞부딪침.

◎ ESTJ – 외향형, 감각형, 사고형, 판단형 – 관리자(The Executive) 유형

徹頭徹尾	통할 **철**, 머리 **두**, 통할 **철**, 꼬리 **미**
철 두 철 미	[의미] 처음부터 끝까지 철저하게.

ESTJ 성격 유형은 흔히 '책임 있는 관리자', '조직적인 지도자' 등으로 불립니다. 이 유형의 사람들은 실용적이고 현실적이며 조직적이고 계획적입니다.

ESTJ를 대표할 수 있는 한자성어는 '徹頭徹尾(철두철미)'입니다. 매사에 꼼꼼하고 세부 사항에도 신경을 씁니다. 목표를 설정하면 그에 맞게 계획을 세우고 행동합니다.

자신감이 넘치고 결단력이 있으며 '率先垂範(솔선수범)'의 자세를 지니고 있기 때문에 조직 내에서 자주 리더로 활약합니다. 책임감이 뛰어나 자신이 맡은 임무는 끝까지 완수하려는 '結者解之(결자해지)'의 자세도 지니고 있습니다.

또한 외향적이고 팀워크를 중요시한다는 점에서는 '相扶相助(상부상조)'의 정신과도 어울리는 유형입니다.

모든 세세한 일까지 자신이 직접 챙기는 '萬機親覽(만기친람)' 유형이기 때문에 거기서 오는 스트레스를 조심해야 할 필요가 있으며, 주변에서 자신의 능력이나 수고를 알아주지 않으면 기운이 빠지는 유형이기도 합니다.

명절, 24절기, 60갑자 관련 한자성어

우리 선조들은 양력과 음력을 적절히 사용하여 명절을 만들고 농사를 짓고 삶을 즐겼습니다. 예로부터 음력으로 설날, 정월 대보름, 한식, 단오, 추석 등을 5대 명절이라 하여 특별한 음식을 만들어 먹고 다양한 풍습을 즐겼습니다. 농사를 짓는 데에 필요한 24절기는 양력을 사용하였습니다. 또한 연도(年度)나 시간의 개념을 표현할 때는 60갑자를 썼습니다. 그러한 전통은 지금도 이어져 오기 때문에 알아둘 필요가 있습니다.

◎ **명절**

元日	으뜸 **원**, 날 **일**
원 일	[의미] 으뜸되는 날. 즉, 설날. 음력 1월 1일.

※설날의 대표적인 음식은 떡국으로, 떡국을 한 그릇 먹어야 한 살을 더 먹는다고 여겼다. 대표적인 풍습으로는 세배, 윷놀이 등이 있다.

上元	위 **상**, 으뜸 **원**
상 원	[의미] 정월 대보름. 음력 1월 15일.

※상원의 대표적인 음식으로는 오곡밥이 있다. 대표적인 풍습으로는 달맞이, 부럼 깨기, 더위팔기, 달집태우기, 쥐불놀이 등이 있다.

寒食
한 식
| 찰 **한**, 밥 **식**
| [의미] 동지 후 105일 되는 날, 양력 4월 5일이나 6일.

개자추(介子推)는 춘추시대 진문공의 충신이었다. 진문공의 아버지인 진헌공은 정치를 잘하고 영토도 넓혔으나 말년에 여희(驪姬)라는 미녀에게 빠져 나라를 어려움에 빠뜨렸다. 후에 진문공이 되는 중이(重耳)는 여희를 피하여 여러 나라를 떠돌았는데, 그때 개자추가 곁을 떠나지 않았다. 심지어 개자추는 굶주린 중이를 위해 자신의 넓적다리 살을 베어 요리해 바치기까지 했다.

후에 중이는 진나라로 돌아와 임금이 되었지만 충신이었던 개자추에게 상을 주지 않았다. 그러자 개자추는 진문공을 원망하는 대신 늙은 어머니와 함께 깊은 산으로 들어가 살았다. 나중에 잘못을 깨달은 진문공은 그에게 상을 주기 위해 개자추를 불렀으나 나오지 않았다. 산에 불을 지르면 나올 줄 알고 불을 질렀으나 개자추는 어머니와 함께 산속에서 불에 타 죽었다. 진문공은 개자추를 추모하기 위해 그날 하루는 불을 피우지 못하게 하고, 밥도 찬밥을 먹게 했다. 여기서 '찬밥'으로 풀이되는 '寒食'이 유래했다고 한다.

※우리 속담에 "한식(寒食)에 죽으나 청명(淸明)에 죽으나"라는 말이 있다. 두 날은 하루 차이이기 때문에, 별 차이가 없을 때 쓰는 말이다.

端午
단 오
| 끝 **단**, 낮 **오**
| [의미] 음력 5월 5일.

본래 초나라의 굴원이 멱라수에 빠져 죽은 날을 추모하던 날이 변하여 명절이 되었다.

※단오의 대표적인 음식은 수리취를 넣어 만든 수리취떡이 있었다. 풍습으로는 그네뛰기, 씨름, 창포물에 머리 감기 등이 있다.

秋夕	가을 **추**, 저녁 **석**
추 석	[의미] 팔월 한가위. 음력 8월 15일.

신라 유리왕 때 6부의 부녀자들을 두 편으로 갈라 두 왕녀로 하여금 그들을 이끌어 음력 7월 16일부터 8월 15일까지 길쌈을 하는 시합을 했다. 그리고 짠 베의 품질과 양을 가늠하여 승부를 결정하고, 진 편에서 술과 음식을 차려 이긴 편을 대접하게 하였다.

※ 秋夕을 다른 말로 '仲秋節(중추절)' 또는 '仲秋佳節(중추가절)'이라고도 부른다.
※ 추석의 대표 음식은 송편이며, 대표 놀이는 강강술래 등이 있다.

冬至	겨울 **동**, 이를 **지**
동 지	[의미] 일 년 중 밤이 가장 긴 날. 양력 12월 22일 경.

동지에 팥죽을 먹는 풍습은 중국에서 시작되었다고 한다. 아주 오래전 중국에 '공공씨(共工氏)'라는 사람에게 아들이 한 명 있었는데 온갖 악행을 저지르는 못된 녀석이었다. 이 녀석이 동짓날 죽었는데, 죽어서도 역귀가 되어 동짓날만 되면 사람들을 괴롭혔다. 그런데 이 녀석이 생전에 가장 무서워하던 것이 팥이었다. 그래서 이날 팥죽을 쑤어 먹고 집 안팎에 뿌리면 악귀가 오지 못했다고 한다. 이로부터 동지에 팥죽을 먹는 풍습이 생겼다고 한다.

우리나라에서는 동지를 중요한 명절로 여겼다. 동지는 음(陰)이 가장 강한 날인데, 다음날부터는 양(陽)이 조금씩 늘어난다고 해서 동지가 지나면 새로운 해가 시작되는 것으로 인식하기도 했다.

◎ 24절기

계절	절기	날짜(양력)	특징
春	立春(입춘)	2월 4일경	봄의 시작.
	雨水(우수)	2월 19일경	얼음이 풀리고 비가 내림.
	驚蟄(경칩)	3월 5일경	개구리 등이 겨울잠에서 깸.
	春分(춘분)	3월 21일경	밤낮의 길이가 같음.
	淸明(청명)	4월 5일경	맑고 화창함.
	穀雨(곡우)	4월 20일경	곡식에 알맞게 비가 내림.
夏	立夏(입하)	5월 5일경	여름의 시작.
	小滿(소만)	5월 21일경	만물이 점차로 생장하여 가득차기 시작함.
	芒種(망종)	6월 6일경	까끄라기가 생긴 보리를 거두고 모내기를 함.
	夏至(하지)	6월 21일경	일 년 중 낮이 가장 긴 날.
	小暑(소서)	7월 7일경	여름 더위의 시작.
	大暑(대서)	7월 23일경	일 년 중 가장 더운 때.
秋	立秋(입추)	8월 7일경	가을의 시작.
	處暑(처서)	8월 23일경	더위가 물러가는 절기.
	白露(백로)	9월 8일경	맑은 이슬이 내림.
	秋分(추분)	9월 23일경	밤낮의 길이가 같음.
	寒露(한로)	10월 8일경	찬 이슬이 내림.
	霜降(상강)	10월 23일경	서리가 내림.
冬	立冬(입동)	11월 7일경	겨울의 시작.
	小雪(소설)	11월 22일경	눈이 내리기 시작하는 절기.
	大雪(대설)	12월 7일경	눈이 많이 내리는 절기.
	冬至(동지)	12월 22일경	일 년 중 밤이 가장 긴 날.
	小寒(소한)	1월 5일경	본격적인 추위가 찾아오는 절기.
	大寒(대한)	1월 20일경	일 년 중 가장 추운 절기.

◎ 60갑자

천간(天干) 10개와 지지(地支) 12개를 차례로 결합하면 60개의 간지(干支)가 만들어지는데, 이를 60갑자라고 한다.

天干(천간)	甲갑, 乙을, 丙병, 丁정, 戊무, 己기, 庚경, 申신, 壬임, 癸계
地支(지지)	子자, 丑축, 寅인, 卯묘, 辰진, 巳사, 午오, 未미, 申신, 酉유, 戌술, 亥해

甲子 갑자	乙丑 을축	丙寅 병인	丁卯 정묘	戊辰 무진	己巳 기사	庚午 경오	辛未 신미	壬申 임신	癸酉 계유
甲戌 갑술	乙亥 을해	丙子 병자	丁丑 정축	戊寅 무인	己卯 기묘	庚辰 경진	辛巳 신사	壬午 임오	癸未 계미
甲申 갑신	乙酉 을유	丙戌 병술	丁亥 정해	戊子 무자	己丑 기축	庚寅 경인	辛卯 신묘	壬辰 임진	癸巳 계사
甲午 갑오	乙未 을미	丙申 병신	丁酉 정유	戊戌 무술	己亥 기해	庚子 경자	辛丑 신축	壬寅 임인	癸卯 계묘
甲辰 갑진	乙巳 을사	丙午 병오	丁未 정미	戊申 무신	己酉 기유	庚戌 경술	辛亥 신해	壬子 임자	癸丑 계축
甲寅 갑인	乙卯 을묘	丙辰 병진	丁巳 정사	戊午 무오	己未 기미	庚申 경신	辛酉 신유	壬戌 임술	癸亥 계해

• 지지(地支)와 띠

지지	子	丑	寅	卯	辰	巳	午	未	申	酉	戌	亥
띠	쥐	소	범	토끼	용	뱀	말	양	원숭이	닭	개	돼지

• 지지(地支)와 시간

지지	子	丑	寅	卯	辰	巳	午	未	申	酉	戌	亥
시간	23~01	01~03	03~05	05~07	07~09	09~11	11~13	13~15	15~17	17~19	19~21	21~23

※ 子時의 정 중간인 밤 12시를 子正(자정)이라 하고, 午時의 정 중간인 낮 12시를 正午(정오), 또는 午正(오정)이라고 한다.

◎ 간지 계산법

서기(西紀) 2000년은 간지로 무슨 해일까? 옛날에는 연도나 역사적인 사건 등을 모두 간지로 나타냈기 때문에 서기를 간지로 변환하는 방법을 알면 편리하다.

그 방법은 다음과 같다.

1. **천간을 아는 방법**: 해당 서기 연도를 10으로 나눈 나머지가 4이면 천간의 첫 번째인 甲에 해당한다. 그와 같이 나머지가 5면 乙, 나머지가 6이면 丙이 된다.

2. **지지를 아는 방법**: 해당 서기 연도를 12으로 나눈 나머지가 4이면 지지의 첫 번째인 子에 해당한다. 그와 같이 나머지가 5면 丑, 나머지가 6이면 寅이 된다.

요약하면 다음과 같다.

- 천간: 서기연도/10...나머지 4는 甲
- 지지: 서기연도/12...나머지 4는 子
  〈예〉 서기 2000년 – 庚辰年(경진년)
     2000/10 = 나머지 0 – 庚(경)
     2000/12 = 나머지 8 – 辰(진)

天干(서기/10)	甲갑	乙을	丙병	丁정	戊무	己기	庚경	申신	壬임	癸계
나머지 숫자	4	5	6	7	8	9	0	1	2	3

地支(서기/12)	子자	丑축	寅인	卯묘	辰진	巳사	午오	未미	申신	酉유	戌술	亥해
나머지 숫자	4	5	6	7	8	9	10	11	0	1	2	3

◎ 간지 관련 한자성어

壬辰倭亂
임 진 왜 란

아홉째천간 **임**, 다섯째지지 **진**, 왜국 **왜**, 어지러울 **란**

[의미] 1592년 임진년에 왜가 조선을 침입한 난.

丙子胡亂
병 자 호 란

셋째천간 **병**, 첫째지지 **자**, 오랑캐 **호**, 어지러울 **란**

[의미] 1636년 병자년에 청나라가 조선을 침입한 난.

甲申政變
갑 신 정 변

첫째천간 **갑**, 아홉째지지 **신**, 정치 **정**, 변할 **변**

[의미] 1884년 갑신년에 김옥균, 박영효 등 개화파가 일으킨 정변.

乙巳勒約
을 사 늑 약

둘째천간 **을**, 여섯째지지 **사**, 굴레 **륵/늑**, 맺을 **약**

[의미] 대한제국 광무 9년(1905)에 일본이 한국의 외교권을 빼앗기 위하여 강제적으로 맺은 조약.

※乙巳五賊(을사오적): 을사늑약에 동의한 다섯 명의 내각 대신을 일컫는다. 즉, 외부대신 박제순, 내부대신 이지용, 군부대신 이근택, 학부대신 이완용, 농상공부대신 권중현 등 5명으로 대표적인 매국노로 지탄받고 있다.

◎ 계절과 사군자

春夏秋冬 춘 하 추 동	봄 춘, 여름 하, 가을 추, 겨울 동
	[의미] 1년 4계절.

四時春風 사 시 춘 풍	넷 사, 때 시, 봄 춘, 바람 풍
	[겉뜻] 사시사철 봄바람. [속뜻] 누구에게나 좋게 대하는 일. 또는 그런 사람을 비유적으로 이르는 말.

風餐露宿 풍 찬 노 숙	바람 풍, 먹을 찬, 이슬 로/노, 잘 숙
	[겉뜻] 바람과 이슬을 맞으며 한데서 먹고 잠을 잠. [속뜻] 객지에서 겪는 고생.

※'노숙'을 흔히 '路宿'으로 알고 있는 경우가 많은데, '露宿'이 맞다. '風餐露宿'의 준말이기 때문이다.

陽春佳節 양 춘 가 절	볕 양, 봄 춘, 아름다울 가, 마디/철 절
	[의미] 따뜻하고 좋은 봄철.

綠陰芳草
녹음방초

푸를 록/녹, 그늘 음, 꽃다울 방, 풀 초

[겉뜻] 푸르게 우거진 나무와 향기로운 풀.
[속뜻] 여름철의 자연경관.

※여름철의 푸른 녹음이 봄철 꽃보다 좋다는 의미를 가진 '綠陰芳草勝花時(녹음방초승화시)' 라는 말이 있다.

燈火可親
등화가친

등불 등, 불 화, 옳을 가, 친할 친

[겉뜻] 등불을 가까이할 만함.
[속뜻] 서늘한 가을밤은 등불을 가까이하여 글 읽기에 좋음.

嚴冬雪寒
엄동설한

엄할 엄, 겨울 동, 눈 설, 찰 한

[의미] 눈 내리는 깊은 겨울의 심한 추위.

梅蘭菊竹
매란국죽

매화 매, 난초 란, 국화 국, 대 죽

[의미] 4계절을 대표하는 네 가지 꽃. 四君子(사군자).

梅妻鶴子
매처학자

매화 매, 아내 처, 학 학, 아들 자

[겉뜻] 매화를 아내로 삼고 학을 아들로 삼음.
[속뜻] 유유자적한 풍류 생활.

중국 송나라의 임포(林逋)가 서호(西湖)에 은거하면서, 처자도 없이 오직 매화를 심고 학을 기르며 생활을 즐겼다는 데서 유래한다.

蕙焚蘭悲
혜 분 난 비

혜초 **혜**, 탈 **분**, 난초 **란/난**, 슬플 **비**

[겉뜻] 혜초가 불에 타면 난초가 슬퍼함.
[속뜻] 벗의 불행을 함께 슬퍼함.

※이와 반대로 벗이 잘되는 것을 함께 기뻐하는 것을 '松茂柏悅(송무백열)'이라고 한다.

傲霜孤節
오 상 고 절

거만할 **오**, 서리 **상**, 외로울 **고**, 마디/절개 **절**

[겉뜻] 서릿발이 심한 속에서도 굴하지 아니하고 외로이
지키는 절개.
[속뜻] 국화를 이르는 말.

竹林七賢
죽 림 칠 현

대 **죽**, 수풀 **림**, 일곱 **칠**, 어질 **현**

[겉뜻] 대숲 속의 일곱 현인.
[속뜻] 중국 진(晉)나라 초기에 노자와 장자의 무위 사상
을 숭상하여 죽림에 모여 청담으로 세월을 보낸
일곱 명의 선비. 곧 산도(山濤), 왕융(王戎), 유영(劉伶),
완적(阮籍), 완함(阮咸), 혜강(嵇康), 상수(向秀)이다.

◎ 동병상린(X) - 동병상련(O)

과거에 어떤 무식한 대통령이 미당(未堂) 서정주의 호를 '말당'이라고 잘못 읽었다는 우스갯소리가 있었습니다. '未(미)'와 '末(말)'의 모양이 너무 비슷했기 때문이지요. 이와 같이 한자는 모양이 비슷해서 음이나 뜻을 혼동하는 경우가 매우 많습니다. '동병상련'을 '동병상린'으로 잘못 읽는 경우도 그렇습니다.

同病相憐 동 병 상 련	한가지 **동**, 병 **병**, 서로 **상**, 불쌍할 **련**
	[의미] 같은 병을 앓는 사람끼리 서로 가엾게 여긴다는 뜻으로, 어려운 처지에 있는 사람끼리 서로 가엾게 여김을 이르는 말.

◎ '출연(出演)'과 '출현(出現)'

발음이 비슷해서 뜻도 헷갈리는 것으로 '출연'과 '출현'이 있습니다. '출연(出演)'은 연기, 공연, 연설 따위를 하기 위하여 무대나 연단에 나가는 것을 가리키며, '출현(出現)'은 나타나거나 나타내 보인다는 뜻입니다.

◎ ESFJ – 외향형, 감각형, 감정형, 판단형 – 집정관(The Consul) 유형

相扶相助	서로 상, 도울 부, 서로 상, 도울 조
상 부 상 조	[의미] 서로서로 도움.

ESFJ 성격 유형은 흔히 '사교적인 외교관', '공동체 중심의 지도자' 등으로 불립니다. 이 유형의 사람들은 사교적이고 외향적이며 사람들과의 상호작용에서 에너지를 얻습니다.

ESFJ를 대표할 수 있는 한자성어는 '相扶相助(상부상조)'입니다. 다른 사람을 돕는 데에 큰 만족을 느끼며 어려운 사람들을 지원하는 데에 적극적으로 나섭니다. 그런 점에서는 상부상조와 더불어 '어려움을 도와주는 친구'라는 뜻의 '急難之朋(급난지붕)'도 어울리는 유형입니다.

ESFJ의 성품은 '多情多感(다정다감)'한 경우가 많으며, 다른 사람과의 관계를 중요하게 여기고 남이 잘되도록 돕는 것을 즐긴다는 점에서는 '松茂柏悅(송무백열)'도 어울립니다.

그러나 지나치게 관계를 중시하고 갈등을 피하려 하는 점에서 자칫 '優柔不斷(우유부단)'에 빠질 수도 있음을 경계해야 합니다.

군신 관계와 사극에 관련된 한자성어

예전에는 철저한 계급사회인지라 임금에도 등급이 있었습니다. 임금을 가리키는 별칭도 달랐으며, 심지어는 임금에게 바치는 환호나 구호에도 등급이 있었습니다. 사극에 등장하는 단어와 성어들은 때로 익숙하기도 하고 때로 생소하기도 합니다. 그런데 그 의미를 제대로 알고 있는 경우는 많지 않습니다. 이 기회에 사극에서 많이 들을 수 있는 용어나 호칭 등을 알아봅니다.

◎ 군신(君臣) 관계

君爲臣綱 군 위 신 강	임금 **군**, 할/될 **위**, 신하 **신**, 벼리 **강**
	[겉뜻] 임금은 신하의 벼리가 됨. [속뜻] 삼강(三綱)의 하나. 신하는 임금을 섬기는 것이 근본임.

※ 三綱: 君爲臣綱(군위신강), 父爲子綱(부위자강), 夫爲婦綱(부위부강)

君臣有義 군 신 유 의	임금 **군**, 신하 **신**, 있을 **유**, 옳을 **의**
	[겉뜻] 임금과 신하 사이에는 의리가 있다. [속뜻] 오륜(五倫)의 하나. 임금과 신하 사이의 도리는 의리에 있음.

事君以忠
사 군 이 충

일/섬길 **사**, 임금 **군**, 써 **이**, 충성 **충**

[의미] 충성으로써 임금을 섬김. '세속오계(世俗五戒)' 가운데 하나.

君君臣臣
군 군 신 신

임금 **군**, 임금 **군**, 신하 **신**, 신하 **신**

[의미] 임금은 임금답고 신하는 신하답다.

◎ 충신의 태도

一片丹心
일 편 단 심

한 **일**, 조각 **편**, 붉을 **단**, 마음 **심**

[겉뜻] 한 조각 붉은 마음.
[속뜻] 진심에서 우러나오는 변치 않는 마음.

※ "이 몸이 죽고 죽어 일백 번 고쳐 죽어"로 시작되는 정몽주의 '단심가(丹心歌)'는 충신의 마음을 보여주는 대표적인 시조이다.

刻骨難忘
각 골 난 망

새길 **각**, 뼈 **골**, 어려울 **난**, 잊을 **망**

[겉뜻] 뼈에 새겨 두고 잊지 않음.
[속뜻] 남에게 입은 은혜가 뼈에 새길 만큼 커서 잊히지 아니함.

※ '刻骨難忘'과 속뜻이 비슷한 성어로 '結草報恩(결초보은)'이 있다. 이는 죽은 뒤에라도 은혜를 잊지 않고 갚는다는 뜻이다.

雨露之澤
우 로 지 택

비 **우**, 이슬 **로**, 갈/~의 **지**, 못/은혜 **택**

[겉뜻] 이슬과 비의 덕택.
[속뜻] 임금의 넓고 큰 은혜를 이르는 말.

盡忠報國
진 충 보 국

다할 **진**, 충성 **충**, 갚을 **보**, 나라 **국**

[의미] 충성을 다하여서 나라의 은혜를 갚음.

남북조시대 북주의 선제가 죽고 8세의 어린 정제가 뒤를 이었다. 선제는 죽기 전에 대신들에게 어린 정제를 잘 보좌할 것을 부탁하며 황족인 조왕을 후견인으로 지명했다. 그러나 조정에서는 유서를 조작하여 나중에 수문제가 되는 양견을 승상으로 세워 정제를 대신하여 정치를 하게 하려고 했다. 그러자 안지의는 "당신들은 조정의 큰 은혜를 입었으므로 마땅히 충성을 다하여 나라의 은혜에 보답해야지, 어찌하여 제위를 다른 사람에게 주려고 하는 것이오. 내가 죽는다 하더라도 선제를 기망할 수는 없소."라고 결기를 세웠다.

罔極之恩
망 극 지 은

없을 **망**, 다할 **극**, 갈/~한 **지**, 은혜 **은**

[의미] 끝없이 베풀어 주는 혜택이나 고마움.

※ "성은이 망극하옵나이다."라고 할 때의 망극이 바로 이 망극이다.

惶恐無地
황 공 무 지

두려울 **황**, 두려울 **공**, 없을 **무**, 땅 **지**

[겉뜻] 두려워 갈 곳이 없음.
[속뜻] 위엄이나 지위 따위에 눌리어 두려워서 몸 둘 데가 없음.

※ '황공무지'를 '惶恐無知'로 쓰지 않도록 주의해야 한다.

◎ 역신(逆臣)의 태도

逆鱗 역 린	거스를 **역**, 비늘 **린** [겉뜻] 거꾸로 난 비늘. [속뜻] 임금의 노여움.

용(龍)의 목 아래에는 역린(逆鱗)이라는 비늘이 있는데, 만약 그것을 건드리면 반드시 사람을 죽인다고 한다. 임금 또한 역린이 있는데, 유세하는 사람이 임금의 역린만 건드리지 않는다면 목적을 달성할 수 있다. 한비자의 〈세난〉에 나오는 내용으로, 본래는 유세의 어려움을 설명하면서 나온 말이다.

背恩忘德 배 은 망 덕	등 **배**, 은혜 **은**, 잊을 **망**, 덕 **덕** [겉뜻] 은혜를 저버리고 덕을 잊음. [속뜻] 남에게 입은 은덕을 저버리고 배신하는 태도가 있음.

口蜜腹劍 구 밀 복 검	입 **구**, 꿀 **밀**, 배 **복**, 칼 **검** [겉뜻] 입에는 꿀이 있고 뱃속에는 칼이 있음. [속뜻] 말은 달콤하게 하지만 마음속으로는 해칠 생각이 있음.

당 현종은 늘그막에 양귀비에게 빠져 권신인 이임보에게 국정을 일임하였다. 이임보는 권세를 제멋대로 휘둘러 국정이 엉망이 되고 결국 나중에 안녹산의 난을 불러오는 계기가 되었다. 역사에서는 이임보에 대하여 '입에는 꿀이 있으나 뱃속에는 칼이 있다'고 평가했다.

面從腹背
면 종 복 배

얼굴 **면**, 따를 **종**, 배 **복**, 등 **배**

[의미] 얼굴로는 복종하나 속마음으로는 배반함.

당나라 때 위징은 직간(直諫)을 잘하는 신하였다. 어느 날 연회를 베풀던 당태종은 은근히 위징의 간언을 비판하면서 이렇게 말했다. "우선 임금의 뜻을 따르는 척하다가 나중에 다시 기회를 보아 간언하면 될 텐데, 위징은 융통성이 없어 그렇게 못한다." 그러자 위징이 말했다. "선왕들은 일을 의논할 때 면전에서 좋은 말을 하다가 뒤에서는 불만을 말해서는 안 된다고 했습니다. 소신이 마음속으로 동의하지 않으면서 입으로만 동의한다면 이는 면종복배(面從腹背)하는 것입니다."

大姦似忠
대 간 사 충

큰 **대**, 간사할 **간**, 같을 **사**, 충성 **충**

[겉뜻] 큰 간사함은 충성처럼 보임.
[속뜻] 아주 간사한 사람은 아첨하는 수단을 교묘히 부려 마치 충성하는 사람과 같아 보임.

송나라 신종은 대신인 왕안석의 신법을 받아들였다. 그러자 반대파인 여회가 신종에게 왕안석을 탄핵하는 상소를 올렸다. "신은 크게 간사한 사람은 충신처럼 보이며, 큰 속임수는 믿음직하게 보인다고 들었습니다. 왕안석은 겉으로는 질박하게 보이지만 마음에는 간사함을 품고 있습니다. 왕안석은 교만하여 황실을 업신여기고 음험하게 남을 해치려 하는 간특한 인간입니다." 그러나 신종은 왕안석을 신임하여 끝까지 신법을 밀고 나갔다.

◎ 전하와 폐하

主上殿下
주 상 전 하

주인 **주**, 위 **상**, 궁전 **전**, 아래 **하**

[의미] 조선시대에 임금을 높여 부르던 말.

※ '殿下'는 제후국의 임금을 부르던 호칭이었다. 참고로 세자는 '世子邸下(세자저하)'라고 불렀다. 제후국의 임금을 칭송할 때는 '千歲(천세)'라고 불렀다. 예를 들면, "주상전하, 천세!"처럼 부른 것이다.

皇上陛下
황 상 폐 하

임금 **황**, 위 **상**, 섬돌 **폐**, 아래 **하**

[의미] 황제를 높여 부르던 말.

※ '陛下'는 황제를 부르던 호칭이었다. 황제를 칭송할 때는 '萬歲(만세)'라고 불렀다. 예를 들면, "황상폐하, 만세!"처럼 부른 것이다.

寡德之人
과 덕 지 인

적을 **과**, 덕 **덕**, 갈/~한 **지**, 사람 **인**

[겉뜻] 덕이 적은 사람.
[속뜻] 임금이 자기를 낮추어 이르던 일인칭 대명사.

※ '寡德之人'을 줄인 말이 '寡人(과인)'이다. 한편 천자(天子)는 자신을 '朕(짐)'이라고 불렀다.

宗廟社稷
종 묘 사 직

마루 **종**, 사당 **묘**, 모일/땅신 **사**, 기장/곡식신 **직**

[겉뜻] 종묘와 사직.
[속뜻] 왕실과 나라를 통틀어 이르는 말.

上監媽媽 상 감 마 마	위 **상**, 살필 **감**, 어미 **마**, 어미 **마**
	[의미] 임금을 높여 부르던 말.

※ '媽媽(마마)'는 본래 벼슬아치의 첩을 높여 부르던 말이었는데 후에는 왕실의 존칭으로 변하였다.

中殿媽媽 중 전 마 마	가운데 **중**, 궁전 **전**, 어미 **마**, 어미 **마**
	[의미] 왕비를 높여 부르던 말. '中宮殿(중궁전)'이라고도 불렀다.

東宮媽媽 동 궁 마 마	동녘 **동**, 궁궐 **궁**, 어미 **마**, 어미 **마**
	[의미] 왕세자를 높여 부르던 말.

※ 보통 왕세자는 궁궐의 동쪽에 거했기 때문에 '東宮'이라고 했다.

永昌大君 영 창 대 군	길 **영**, 창성할 **창**, 큰 **대**, 임금 **군**
	[의미] 영창대군(1606~1614)은 선조와 정비인 인목대비 사이에서 태어난 왕자이다.

※ '大君'은 왕의 적자(嫡子), 즉 임금과 왕비 사이에서 태어난 왕자에게 붙이는 작위이다.

光海君	빛 **광**, 바다 **해**, 임금 **군**
광 해 군	[의미] 광해군(1575~1641)은 조선 15대 왕이다.

※'君'은 임금과 후궁 사이에서 태어난 왕자에게 붙이는 작위이다. 광해군은 선조와 후궁인 공빈김씨 사이에서 태어난 왕자이다. 왕위에 올랐으나 폐출(廢黜)되었기 때문에 '祖(조)'나 '宗(종)'이라는 묘호를 얻지 못했다.

淑明公主	맑을 **숙**, 밝을 **명**, 공변될 **공**, 주인 **주**
숙 명 공 주	[의미] 숙명공주(1640~1699)는 효종과 정비인 인선왕후의 셋째 딸이다.

※'公主'는 임금과 왕비 사이에서 태어난 딸에게 붙이는 작위이다.

和順翁主	화할 **화**, 순할 **순**, 늙은이 **옹**, 주인 **주**
화 순 옹 주	[의미] 화순옹주(1720~1758)는 영조와 후궁인 정빈 이씨의 둘째 딸이다.

※'翁主'는 임금과 후궁 사이에서 태어난 딸에게 붙이는 작위이다.

당신의 문해력 文解力은?

◎ **야밤도주(X) - 야반도주(O)**

예전에는 남녀 간의 연애가 허용되지 않아 아예 한밤중에 먼 곳으로 도망을 가는 연인들이 있기도 했답니다. 그럴 때 흔히 '야밤도주'라는 말을 쓰는데, 이는 '야반도주'의 오류입니다. '야반'이란 '한밤중'이라는 뜻입니다.

夜半逃走 야 반 도 주	밤 **야**, 절반 **반**, 달아날 **도**, 달아날 **주**
	[의미] 남의 눈을 피하여 한밤중에 도망함.

◎ **'동포'와 '교포'는 같은 말인가, 다른 말인가.**

우리 민족으로서 외국에 사는 사람을 '동포'라고 부를 때도 있고, '교포'라고 부를 때도 있습니다. 언뜻 보면 비슷한 듯하지만 사실은 다른 뜻입니다.

同胞 동 포	한가지 **동**, 태 **포**
	[의미] 같은 나라 또는 같은 민족의 사람을 다정하게 이르는 말.

僑胞 교 포	붙어살 **교**, 태 **포**
	[의미] 다른 나라에 아예 정착하여 그 나라 국민으로 살고 있는 동포.

결론적으로 '교포'는 '동포' 가운데 외국에 정착하여 그 나라 국민으로 살고 있는 사람만을 지칭합니다. '동포'가 훨씬 큰 개념입니다.

◎ ENFJ – 외향형, 직관형, 감정형, 판단형 – 선도자(The Protagonist) 유형

殺身成仁 │ 죽일 **살**, 몸 **신**, 이룰 **성**, 어질 **인**
살 신 성 인 [의미] 자기의 몸을 희생하여 인(仁)을 이룸.

ENFJ 성격 유형은 흔히 '정의로운 사회운동가', '영감을 주는 지도자' 등으로 불립니다. 이 유형의 사람들은 사교적이고 외향적이며 조화와 협력을 중시하는 전형적인 리더형입니다.

ENFJ를 대표할 수 있는 한자성어는 '殺身成仁(살신성인)'입니다. 이들은 높은 이상주의와 도덕적 가치관을 지니고 있으며, 세상과 사람들을 더 나은 방향으로 바꾸려는 열망을 가지고 있습니다. 그리고 그런 대의를 위해 기꺼이 자신을 희생할 준비가 되어 있습니다.

공정함과 정의를 중요하게 생각한다는 점에서는 '公平無私(공평무사)'에 어울리는 유형입니다. 또한 타인의 감정에 민감하고 공감 능력이 뛰어난 '易地思之(역지사지)'형이며, 사람들의 신뢰를 바탕으로 강력한 리더십을 발휘하는 '率先垂範(솔선수범)'형이기도 합니다. 다만 과도하게 자신을 희생할 수도 있음에 유의해야 합니다.

교수들이 선정한 한자성어

2001년부터 전국의 대학교수들이 '올해의 한자성어'를 선정하여 발표하고 있습니다. 한 해 동안 있었던 가장 뜨거운 사건이나 세태를 한마디로 표현하는 데에는 한자성어만 한 것이 없지요. 매년 선정된 한자성어는 한국사의 일면을 압축적으로 드러내 보이기도 합니다. 2001년부터 시작된, 21세기 한국사를 대표하는 한자성어들을 만나봅니다.

① 2001년

五里霧中
오 리 무 중

다섯 **오**, 마을 **리**, 안개 **무**, 가운데 **중**

[겉뜻] 오 리나 되는 짙은 안개 속에 있음.
[속뜻] 무슨 일에 대하여 방향이나 갈피를 잡을 수 없음.

[선정이유] 미국에서는 9·11 테러가 발생하여 전세계에 큰 충격을 주었고, 국내에서는 일본의 역사 교과서 왜곡 논란과 총리의 야스쿠니 참배로 인해 한일월드컵 개최를 1년 앞두고 한일관계가 큰 갈등을 겪는 등 국내외적으로 혼란한 상황이었다. 그야말로 국내외적으로 한 치 앞을 내다볼 수 없는 '五里霧中'의 지경이었다.

② 2002년

離合集散
이 합 집 산

떨어질 **리/이**, 합할 **합**, 모일 **집**, 흩어질 **산**

[의미] 헤어졌다가 만나고 모였다가 흩어짐.

[선정이유] 제16대 대선을 앞두고 대선 후보들의 국민경선과 후보 단일화의 과정에서 이합집산이 있었다. 또 미군 장갑차 여중생 압사 사건으로 인한 촛불시위, 2002월드컵 열기로 수많은 인파가 모여 거리응원을 펼친 일 등을 대표하는 성어로 '離合集散'을 선정한 것이다.

③ 2003년

右往左往
우 왕 좌 왕

오른 **우**, 갈 **왕**, 왼 **좌**, 갈 **왕**

[겉뜻] 오른쪽으로 갔다가, 왼쪽으로 갔다가 함.
[속뜻] 이리저리 왔다 갔다 하며 일이나 나아가는 방향을 종잡지 못함.

[선정이유] 2월에 대구 지하철 참사가 일어났다. 두 열차의 기관사, 역무원, 종합 사령실 등 그 누구도 적절하게 대응하지 못하고 右往左往하다가 참사를 키웠다는 지적이 있었다. 5월에 출범한 참여정부는 정치, 외교, 경제 정책을 새롭게 짜는 과정에서 右往左往하며 많은 혼선이 있었다고 평가된다.

④ 2004년

黨同伐異
당 동 벌 이

무리 **당**, 한가지 **동**, 칠 **벌**, 다를 **이**

[겉뜻] 같은 자는 무리를 삼고 다른 자는 공격함.
[속뜻] 일의 옳고 그름은 따지지 않고 뜻이 같은 무리끼리는 서로 돕고 그렇지 않은 무리는 배척함.

[선정이유] 현직 대통령 탄핵소추 및 심판 과정에서 극심한 갈등과 '패거리 문화'가 성행했다. 또 수도(首都) 이전 문제 등으로 정치권이 무리 지어 자신들의 의견만을 내세우며 1년 내내 대립만 하였다. 전형적인 '黨同伐異'의 행태를 보인 것이다.

⑤ 2005년

上火下澤
상 화 하 택

위 상, 불 화, 아래 하, 못 택

[겉뜻] 위에는 불, 아래에는 연못[물].
[속뜻] 불과 물처럼 서로 이반하고 분열함.

[선정이유] 일본 시마네현에서 '다케시마의 날'을 제정하면서 독도를 둘러싼 한일갈등이 다시 수면 위로 올라왔다. 황우석 박사의 줄기세포 논문 조작 논란은 이 해에 가장 큰 사건으로 기록된다. 우리 사회의 극심한 논쟁과 갈등을 서로 이반하고 분열한다는 뜻을 가진 '上火下澤'으로 표현한 것이다.

⑥ 2006년

密雲不雨
밀 운 불 우

빽빽할 밀, 구름 운, 아니 불, 비 우

[겉뜻] 구름은 빽빽하게 끼었으나 비는 내리지 않음.
[속뜻] 여건은 조성되었으나 일이 성사되지 않아 답답함.

[선정이유] 이 해에는 김대중 정부 때부터 이어오던 남북 화해의 훈풍이 북한의 핵실험으로 급격히 냉각되었고, 일본 총리의 야스쿠니 신사 참배로 한일갈등도 절정에 치달았다. 또 참여정부의 정책 추진 과정에서 빚어진 사회적 갈등과 부동산 가격 급등도 풀어야 할 과제였다. 남북관계, 한일관계, 국내 정치 등 여건이 조성되는 듯하다가 일이 틀어지곤 했다. 구름만 잔뜩 끼고 비가 올 듯 오지 않는 '密雲不雨'의 상황이었다.

⑦ 2007년

自欺欺人 자 기 기 인	스스로 **자**, 속일 **기**, 속일 **기**, 사람 **인**
	[겉뜻] 스스로도 속이고 남도 속임. [속뜻] 자신도 믿지 않는 말이나 행동으로 남까지 속임.

[선정이유] 신○○ 교수 학력 조작 사기 사건, 대기업의 도덕 불감증 행위, 제 17대 대선에서 당선된 이○○ 후보의 BBK 논란 등을 반영하여 자기도 속이고 남도 속인다는 '自欺欺人'이 선정되었다.

⑧ 2008년

護疾忌醫 호 질 기 의	보호할 **호**, 병 **질**, 꺼릴 **기**, 의원 **의**
	[겉뜻] 병을 감추고 의원에게 보이기를 꺼림. [속뜻] 문제가 있는데도 다른 사람의 충고를 꺼리고 듣지 않음.

[선정이유] 이○○ 정부 출범 후 한미 FTA, 미국산 소고기 파동과 세계 금융위기에 대한 정부의 대처 방식이 도마에 올랐다. 또 온갖 논란과 갈등 속에 4대강 사업도 계속 추진되었다. 그런저런 이유로 많은 국민들이 반대하고 수많은 전문가들이 충고해도 듣지 않는다는 뜻을 가진 '護疾忌醫'가 선정되었다.

⑨ 2009년

旁岐曲逕 방 기 곡 경	곁 **방**, 갈림길 **기**, 굽을 **곡**, 길 **경**
	[겉뜻] 샛길과 굽은 길. [속뜻] 일을 정당하고 순탄하게 하지 않고 그릇된 수단을 써서 억지로 함.

[선정이유] 이 해에는 이전 대통령에 대한 무리한 수사로 인하여 노〇〇 전 대통령이 사망하는 사건이 발생했다. 수많은 반대를 무릅쓰고 4대강 사업이 강행되었으며, 미디어법 날치기 통과 등 많은 일이 무리하거나 그릇된 수단으로 강행되었다 하여 '旁岐曲逕'을 선정하였다.

⑩ 2010년

藏頭露尾 장 두 노 미	감출 **장**, 머리 **두**, 이슬/드러날 **로/노**, 꼬리 **미**
	[겉뜻] 머리는 감추었지만 꼬리가 드러남. [속뜻] 진실을 숨겨두려고 하지만 거짓의 실마리는 이미 드러나 있음.

[선정이유] 이 해에 4대강 개발 논란과 천안함 침몰, 민간인 불법사찰, 불평등한 한미 FTA협상, 예산안 강행처리 등 많은 사건이 있었다. 그때마다 정부가 국민을 설득하고 의혹을 깨끗이 해소하려는 노력보다 진실을 감추기에 급급한 모습을 보였다는 점에서 '藏頭露尾'가 선정되었다.

⑪ 2011년

掩耳盜鐘 엄 이 도 종	가릴 **엄**, 귀 **이**, 훔칠 **도**, 쇠북 **종**
	[겉뜻] 귀를 가리고 종을 훔침. [속뜻] 나쁜 일을 하고 남의 비난을 듣기 싫어서 귀를 막아도 소용없음.

[선정이유] 이 해에는 한미 FTA 비준안의 날치기 통과, 이○○ 대통령의 내곡동 사저 매입 논란, 선관위 디도스 공격 논란 등을 두고 정부의 소통 부족과 독단적인 정책 강행이 지적되었다. 반대 여론에 철저히 귀를 막고 일을 강행하는 것을 비판하는 의미에서 '掩耳盜鐘'이 선정되었다.

⑫ 2012년

舉世皆濁 거 세 개 탁	들/온 **거**, 세상 **세**, 모두 **개**, 흐릴 **탁**
	[겉뜻] 온 세상이 모두 흐림. [속뜻] 지위의 높고 낮음을 막론하고 모든 사람이 다 바르지 않음.

[선정이유] 이 해에는 이○○대통령의 내곡동 사저 매입에 대한 비리 논란, 제 18대 대선을 앞두고 지식인과 교수들이 정치참여를 위해 줄을 서는 일, 수원 토막 살인 사건에서 경찰의 무능함이 피해자를 죽음에 이르게 한 사건 등이 있었다. 그래서 모든 사람이 다 바르지 못해 혼탁해졌다는 뜻을 가진 '舉世皆濁'이 선정되었다.

⑬ 2013년

倒行逆施
도 행 역 시

거꾸러질 **도**, 갈 **행**, 거스를 **역**, 베풀 **시**

[겉뜻] 차례나 순서를 바꾸어서 행함.
[속뜻] 잘못된 길을 고집하거나 시대착오적으로 나쁜 일을 꾀함.

[선정이유] 박○○ 정부 출범 후 미래 지향적 가치를 주문하는 국민의 바람과는 반대로 과거로 회귀하려는 정책을 고집하였다. 특히 인사와 정책 등에서 독단적이고 구태의연한 모습에 실망하는 의미에서 '倒行逆施'가 선정되었다.

⑭ 2014년

指鹿爲馬
지 록 위 마

가리킬 **지**, 사슴 **록**, 할 **위**, 말 **마**

[겉뜻] 사슴을 가리켜 말이라고 함.
[속뜻] 모순된 것을 끝까지 우겨서 남을 속이려 함.

[선정이유] 이 해에는 세월호 참사가 일어났다. 또 정○회 국정개입 의혹 사건 등 굵직한 사건이 많았다. 그런데 그런 일들을 처리하고 설명하는 과정에서 온갖 거짓이 진실로 왜곡되고, 정부는 사건의 본질을 호도하고 있다는 지적이 많았다. 이것이 '指鹿爲馬'가 선정된 이유이다.

⑮ 2015년

昏庸無道
혼 용 무 도

어두울 **혼**, 중용/용렬할 **용**, 없을 **무**, 길 **도**

[겉뜻] 어둡고 무능한 군주 때문에 도가 없어짐.
[속뜻] 어리석고 무능한 군주의 실정으로 나라가 암흑에
뒤덮인 것처럼 온통 어지러움.

[선정이유] 대통령이 여당 원내대표에게 압력을 넣어 사퇴시키면서 삼권분립
원칙이 훼손되었다는 비판을 받았다. 또 메르스가 확산하는데도 이를 통제
하지 못하는 정부의 무능함이 드러났다. 역사 교과서 국정화 논란은 정치 진
영뿐 아니라 국론이 분열되는 데에 한몫했다. 모두 어리석고 무능한 정치의
산물이라는 의미에서 '昏庸無道'가 선정되었다.

⑯ 2016년

君舟民水
군 주 민 수

임금 **군**, 배 **주**, 백성 **민**, 물 **수**

[겉뜻] 임금은 배요, 백성은 물임.
[속뜻] 강물의 힘으로 배를 뜨게 하지만 강물이 화가 나
면 배를 뒤집을 수도 있듯이, 임금이 잘못하면 백
성들이 뒤집을 수 있음.

[선정이유] 박○○ 대통령과 관련된 국정농단 사건으로 인한 탄핵 집회가 오
랜 기간 계속되었고, 결국 현직 대통령이 탄핵소추를 당하였다. 이런 정국 속
에서 성난 민심이 정권을 바꿀 수 있다는 경계를 지닌 '君舟民水'를 뽑았다.

⑰ 2017년

破邪顯正	깨뜨릴 **파**, 간사할 **사**, 드러낼 **현**, 바를 **정**
파 사 현 정	[의미] 사악하고 그릇된 것을 깨고 바른 것을 드러냄.

[선정이유] 탄핵을 당한 박○○ 대통령이 파면되고 새 정부가 들어서자 '적폐 청산'이 중요한 과제가 되었다. 기존에 만연했던 사회지도층을 비롯한 기득권층의 갑질 등을 척결하고 바른 것을 드러내자는 소망과 경계를 담아 선정한 성어가 '破邪顯正'이다.

⑱ 2018년

任重道遠	맡길/책임 **임**, 무거울 **중**, 길 **도**, 멀 **원**
임 중 도 원	[겉뜻] 짐은 무겁고 갈 길은 멂.
	[속뜻] 책임은 무겁고 해야 할 일은 많고 아득함.

[선정이유] 새 정부가 추진 중인 한반도 평화 구상과 각종 국내정책이 산적해 있지만, 국내외 반대세력이 많고 언론들은 실제의 성과조차 과소평가하는 등 갈 길이 멀다는 의미에서 '任重道遠'을 선정하였다.

⑲ 2019년

共命之鳥
공 명 지 조

함께 공, 목숨 명, 갈/~한 지, 새 조

[겉뜻] 목숨을 함께하는 새.
[속뜻] 상대방을 죽이면 결국 함께 죽음.

[선정이유] 이 해에는 하노이 북미회담이 결렬되고, 집권 여당이 검찰과 갈등을 빚는 등 국내외적으로 복잡한 일들이 많았다. 그런 와중에 정치권에서는 서로를 이기려고 하고, 자기만 살려고 발버둥을 쳤다. 어느 한쪽이 사라지면 다른 쪽도 죽게 된다는 것을 생각하지 못하는 현실을 '共命之鳥'로 나타냈다.

※ '共命之鳥'는 '共命鳥'라고도 하는 상상의 새이다. 새의 형상을 한 몸뚱이는 하나인데 사람 얼굴을 한 머리가 둘이라고 한다. 둘 중 하나가 죽으면 나머지도 죽게 된다고 하여 '共命鳥'라는 이름이 붙었다고 한다.

⑳ 2020년

我是他非
아 시 타 비

나 아, 옳을 시, 남 타, 그를 비

[겉뜻] 나는 옳고 남은 그름.
[속뜻] 자신의 견해만 옳고 남은 다 그르다고 함.('내로남불'과 같은 말)

[선정이유] 이 해에 코로나가 창궐하여 전 세계를 휩쓸었으며, 한국도 엄청난 혼란과 어려움을 겪어야 했다. 그런 와중에 모든 잘못을 남 탓으로 돌리는 '我是他非', '내로남불'만 외치면서 서로를 상스럽게 비난하고 헐뜯는 소모적 싸움만 무성할 뿐 협력해서 건설적으로 문제를 해결하려는 노력은 보이지 않았다.

㉑ **2021년**

猫鼠同處 묘 서 동 처	고양이 묘, 쥐 서, 한가지 동, 곳 처
	[겉뜻] 고양이와 쥐가 함께 거함. [속뜻] 도둑을 잡아야 할 사람이 도둑과 한패가 됨.

[선정이유] 코로나가 2년째 이어지는 상황에서, 국정을 엄정하게 책임지고 공정한 법 집행을 시행해야 하는 사람들이 이권을 노리는 사람들과 한통속이 돼 이권에 개입하거나 연루되는 일이 벌어지곤 했다. 도둑을 잡아야 할 사람이 이권을 노리고 도둑과 한패가 되는 이런 현상을 고양이가 쥐와 한패가 되는 '猫鼠同處'의 상황으로 설정한 것이다.

㉒ **2022년**

過而不改 과 이 불 개	허물 과, 말이을 이, 아니 불, 고칠 개
	[의미] 잘못을 하고도 고치지 않음.

[선정이유] 이 해 최대의 사건은 이태원 참사였다. 윤○○ 정부가 출범했지만 희망과 기대는 잠시뿐이었다. 대통령 배우자의 학위논문 표절과 경력 위조, 주가 조작 혐의 등이 제기되었고, 대통령의 불통과 인사 전횡이 비판을 받았다. 그 와중에 일어난 이태원 참사에 대하여도 제대로 된 해명이나 사과조차 없었다. 잘못을 하고도 고치지 않는 '過而不改'의 행태가 국민의 불만과 분노를 샀다.

㉓ **2023년**

見利忘義	볼 견, 이로울 리, 잊을 망, 옳을 의
견 리 망 의	[의미] 이로움을 보고 의로움을 잊음.

[선정이유] 본래 논어에 나오는 '見利思義(견리사의)'는 이로움 앞에서 의로움을 생각한다는 뜻이다. 즉, 나의 이익보다 정의를 앞세운다는 의미이다. 그런데 우리나라의 정치인들은 국민을 위한 지도자가 아니라 자신이 속한 편의 이익을 더 추구한다. 권력과 이익을 얻기 위해 정책도 자기 편의 이익을 얻는 쪽으로 입안하고 시행한다. '견리사의'가 아니라 '見利忘義'가 난무하게 된 것이다.

㉔ **2024년**

跳梁跋扈	뛸 도, 들보 량, 밟을 발, 뒤따를 호
도 량 발 호	[의미] 권력이나 세력을 제멋대로 부리며 함부로 날뜀.

[선정이유] 나라가 전 영역에서 극도로 혼란한 가운데 막을 내린 해이다. 대통령 배우자의 국정농단 의혹과 비리 논란, 검찰을 비롯한 대통령의 지인 출신 정부·기관장의 권력 남용 논란, 도술인들의 국정개입 논란이 끊이지 않았다. 경제와 민생에 무능하고 무관심하며 오로지 정쟁에만 집중하는 정부와 정치권, 일본에 대한 굴욕적 외교 정책, 체육계의 온갖 비리와 권력 남용 문제도 드러났다. 그런 일련의 사태가 권력을 제멋대로 부리며 혼란과 부패를 조장하는 '跳梁跋扈'의 상황을 만들어낸 것이다. 급기야 대통령은 느닷없이 비상계엄을 발표하여 온 나라를 충격과 혼란 속에 빠뜨리고 본인은 탄핵을 당했다.

당신의 문해력 文解力은?

◎ 유도심문(X) – 유도신문(O)

흔히 법정에서 증인을 세워놓고 그 증인에게 자신이 원하는 답을 하도록 유도하는 것을 '유도심문'이라고 표현하는 경우가 많습니다. 이때는 '유도신문'이라고 써야 옳습니다. '심문審問'은 법원이 당사자에게 진술할 기회를 주는 것을 말하며, '신문訊問'은 증인, 당사자, 피고인 등에게 말로 물어서 조사하는 것을 말합니다. 묻고 따지는 것은 '신문'입니다.

誘導訊問 유 도 신 문	꾈 유, 이끌 도, 물을 신, 물을 문
	[의미] 증인을 신문하는 사람이 희망하는 답변을 암시하면서, 증인이 무의식중에 원하는 대답을 하도록 꾀어 묻는 일.

◎ '단합'과 '담합'

이 또한 자주 헷갈리는 어휘입니다. 단합(團合)은 많은 사람이 마음과 힘을 한데 뭉치는 것을 말합니다. '團合 대회'를 생각하면 쉽습니다. 담합(談合)은 서로 의논하여 합의한다는 뜻인데, 보통은 '남모르게 자기들끼리만 짜고 하는 약속이나 수작'을 의미하는 '짬짜미'라는 말과 비슷한 의미로 쓰입니다. 업자들끼리 짜고 물건값을 한꺼번에 올리는 따위의 '談合 행위'는 범죄 행위로 취급합니다.

◎ ENTJ – 외향형, 직관형, 사고형, 판단형 – 지휘관(The Commander) 유형

野心滿滿 | 들 야, 마음 심, 찰 만, 찰 만
야 심 만 만 | [의미] 무엇을 이루어 보겠다는 욕망이나 소망이 마음속에 가득함.

ENTJ성격 유형은 흔히 '전략적인 지도자', '결단력 있는 리더' 등으로 불립니다. 이 유형의 사람들은 목표지향적이고 전략적 사고가 뛰어나며, 논리적이고 객관적인 사고를 좋아합니다.

ENTJ를 대표할 수 있는 한자성어는 '野心滿滿(야심만만)'입니다. 두려움 없는 리더십과 결단력을 지니고 있어 '單刀直入(단도직입)'이라는 한자성어와도 어울립니다.

직설적이고 명확한 의사소통을 선호한다는 점에서 '寸鐵殺人(촌철살인)'의 성격을 지니고 있지만, 그 때문에 때때로 강한 인상을 주거나 다소 차갑게 느껴질 수도 있습니다.

또한 도전정신이 강하고 실패를 두려워하지 않는 '百折不屈(백절불굴)'의 기상도 갖추고 있습니다.

다만, 지나치게 목표에 집중하거나 타인의 감정을 무시할 수도 있어 '獨不將軍(독불장군)'이 되지 않도록 경계해야 합니다.